Tirso de Molina

Todo es dar en una cosa

Barcelona **2024**
Linkgua-ediciones.com

Créditos

Título original: Todo es dar en una cosa.

© 2024, Red ediciones S.L.

e-mail: info@Linkgua-ediciones.com

Diseño de cubierta: Michel Mallard.

ISBN tapa dura: 978-84-9953-811-2.
ISBN rústica: 978-84-9816-536-4.
ISBN ebook: 978-84-9953-465-7.

Sumario

Brevísima presentación

La vida

Tirso de Molina (Madrid, 1583-Almazán, Soria, 1648). España.

Se dice que era hijo bastardo del duque de Osuna, pero otros lo niegan. Se sabe poco de su vida hasta su ingreso como novicio en la Orden mercedaria, en 1600, y su profesión al año siguiente en Guadalajara. Parece que había escrito comedias y por entonces viajó por Galicia y Portugal. En 1614 sufrió su primer destierro de la corte por sus sátiras contra la nobleza. Dos años más tarde fue enviado a la Hispaniola (actual República Dominicana) y regresó en 1618. Su vocación artística y su actitud contraria a los cenáculos culteranos no facilitó sus relaciones con las autoridades. En 1625, el Concejo de Castilla lo amonestó por escribir comedias y le prohibió volver a hacerlo bajo amenaza de excomunión. Desde entonces solo escribió tres nuevas piezas y consagró el resto de su vida a las tareas de la orden.

Esta obra pertenece a una trilogía dedicada a la familia Pizarro. Todo es dar una cosa (sobre Francisco), Amazonas en las Indias (sobre Gonzalo) y La lealtad contra la envidia (sobre Hernando). La estancia en América de Tirso de Molina inspiró esta serie de obras sobre los conquistadores.

Personajes

Gonzalo Pizarro
Don Álvaro Durán
Doña Margarita
Doña Beatriz
Francisco Pizarro, muchacho
Don Francisco Pizarro, galán
Carrizo, pastor
Crespo, pastor
Bertol, pastor
Cerezo, pastor
Pulida, pastora
Mendo García, viejo
Don Rodrigo, viejo
Don Francisco Cabezas
Don Martín
Hernando Cortés
Un Maestro
Un Paje
Pizarro, muchacho
Un Pagador
Un Capitán
Robledo, soldado
Tres pastores
Quirós, soldado
Isabel, reina

Jornada primera

(Sale doña Margarita, leyendo un papel.)

Margarita   «Dos intérpretes, señora,
de diversa calidad,
sirven a la voluntad
en favor del que os adora.
Amor, que en los ojos mora,
tal vez con ellos anima;
a quien secretos estima
la lengua los manifiesta;
con tierna claridad ésta,
los otros con dulce enigma.
    Hállome favorecido,
en los vuestros cada instante,
que su luz gozo delante,
y juzgo que soy querido;
pero aunque en ese sentido
Amor su esfera eligió
pues por los ojos entró,
siempre en ellos advertí
puertas que le admitan, sí,
lenguas que le expliquen, no.
    No usurpen ajeno oficio,
que se quejará la lengua
de que sufráis que en su mengua
tiranicen su ejercicio.
Mirad que en mi perjuicio,
desdichas entre venturas
buscan claridad a oscuras,
y que siempre que ojos leo
favores que deletreo
estriban en conjeturas.

Palabras han de explicar
el alma de un bien querer,
que querrá la lengua ver,
si quiere la vista hablar.
Esta noche den lugar
a estilos más verdaderos;
merezca yo, si no veros,
oíros y ahorrar de enojos,
porque andar descifrando ojos
es hablar entre extranjeros.»

Dice don Álvaro bien;
que por los ojos Amor
habla, mas es por mayor.
Con gusto los míos le ven,
  pero nunca se ha atrevido
a dar al recato enojos
la lengua, que de los ojos
el lenguaje es permitido,
  aunque difícil y oculto,
y el alma acostumbra hablar
por la lengua a lo vulgar,
mas por la vista a lo oculto.

(Sale doña Beatriz leyendo este papel.)

Beatriz   «Si en ausencia padecemos,
                   gloria en presencia tengamos,
                   que el tiempo que malogramos
                   hará el tiempo que lloremos.»

Margarita (Isabel.)   (¿Qué es esto? ¿Hasta en el leer
                       papeles doña Beatriz
                       quiere imitarme?)

(Guarda doña Margarita su papel en la manga.)

Beatriz (Isabel.)   (¡Feliz
ingenio! ¡Qué encarecer
   tan sazonado y discreto!
No sé apartar de los ojos
sus letras, tiernos enojos,
quejas de amor con respeto,
   aunque sentido, templado.)

Margarita   ¿Hermana?

Beatriz   ¡Mi Margarita!

Margarita   Tristeza que se limita
con versos, no es decuidado.
   ¿Cuyos son los que encareces
y ponderativa alabas?
No ha un hora que triste estabas;
enfermas y convaleces
   brevemente. No es cruel
mal que tan presto se pasa,
ni hará mucha costa en casa
su cura, siendo un papel.

Beatriz   ¿Es eso reñirme?

Margarita   Es esto
prevenir riesgos.

Beatriz   ¿De qué?

Margarita   Amor, que cerradas ve

puertas, donde el gusto ha puesto,
  dicen que, en lugar de llave,
suele abrirlas con papeles,
porque a pesar de canceles
¿por dónde un papel no cabe,
  y más versificador,
que es dos veces sospechoso?

Beatriz   Y en ti título forzoso
jugar de hermana mayor.
  No perderás tu derecho
por un reino.

Margarita   Está sin madre
esta casa, y nuestro padre
de mí confianza ha hecho.
  Lloverá sobre mí el daño
que en ti disculpado deja
tu edad.

Beatriz   Sí, que eres muy vieja;
aún no me llevas un año.
  Olvida temas prolijas,
así Dios te guarde, o di
que ensayar quieres en mí
cómo has de criar tus hijas,
  cuando casadas las tengas.
Estos versos que leía
no los hizo a instancia mía
—por maliciosa que vengas—
  su autor, ni a contemplación
de cosa que le desvele
en mí. Muchas veces suele
ya el ocio, ya la ocasión

reparar en lo primero.
que encuentra. No sé qué alhaja
en una excusabaraja
buscaba, y el lisonjero
   papel —por tal desechado—
hallé, donde envueltas vi
de seda verde y turquí,
tres madejas.

Margarita
                         En lo ajado
   se echa de ver lo que dices,
y más en lo que encareces
su estilo, que esas dobleces
—cuando no le solemnices—
   muestran que deben de ser
de la seda que envolvías,
cuando, sin verme, decías
suspensa: «¿Qué encarecer
   tan sazonado y discreto!».

Beatriz
¿Pues de eso tu desvarío
podrá colegir que es mío?
¿O es justo que por respeto
   de que para mí no viene?
¿No alabe yo la sazón
de su estilo y discreción?
Anda, hermana, que te tiene
   la envidia loca.

Margarita
                              Sí hará.
«No sé apartar de los ojos
sus letras, tiernos enojos.
Beatriz, acabemos ya.
   Si intentas satisfacerme,

con dejármele leer
podré en sus cláusulas ver
si amor en ti vela o duerme.
    No viniendo para ti,
¿qué te importa?»

Beatriz   El estimarme
tú en poco. Quiero vengarme
de tus malicias así.

(Quiere rasgarle, y cójesele Margarita.)

Margarita   Eso no, no has de rasgarle
antes que yo llegue a verle.

Beatriz   Perderé por no perderle...

Margarita   ¿Qué? Si vuelves a cobrarle.
                        Suelta, necia.

(Métesele Margarita en la manga.)

Beatriz   No porfíes,
ni a villana correspondas,
que aunque en el alma te escondas,
te le he de sacar. ¿Te ríes?

Margarita   Pues ¿qué he de hacer? ¿Enojarme?
Tengo yo más sufrimiento.

Beatriz   Yo no. Con tu atrevimiento
luego habías de dejarme
        sin él y llevártele, ¿eh?
¡Qué donoso frenesí!

14

Margarita   Tenme respeto.

(Tira Beatriz del lenzuelo que cuelga de la manga de Margarita, y cáesele el papel que ésta venía leyendo, y cójele Beatriz.)

Beatriz   ¿Yo a ti?
                        sé cuerda y te le tendré.
                            Cayóse y cobréle.

Margarita (Isabel.)   (¡Ay, cielo!
                        que es el mío.) Hermana, mira
                        que ése que llevas...

Beatriz   Me admira
                        que le deba yo a un lenzuelo
                            lo que tú tiranizabas.

Margarita   Oye, rómpele primero
                        que te vayas.

Beatriz   Ya no quiero.

Margarita   ¿Pues antes no le rasgabas?

Beatriz   ¡Válgame Dios! ¿Qué te importa,
                        Margarita, este papel,
                        que tal inquietud por él
                        tienes contigo? Reporta
                            la sospecha que te incita,
                        que el dueño que le escribió
                        jamás de ti se acordó.

Margarita   ¿No, Beatriz?

Beatriz	No, Margarita.
Margarita	¡Ay, qué engañada que estás!
Beatriz	¿Luego de mí tienes celos?
Margarita	No son ésos mis desvelos.
Beatriz	¿Pues?
Margarita	Ábrele y lo verás.

(Lee para sí.)

Beatriz	¡Ay, no es mío este papel!
Margarita	¿Ves si se acordó su autor de mí?
Beatriz	¡Bueno es tu rigor! Respetaréte por él; repréndeme como sueles; vuelve a decirme muy grave que el Amor en vez de llave abre puertas con papeles. Hipócrita de a dos haces, uno obras, y otro publicas. A lo fariseo predicas, que dices lo que no haces.
Margarita	Basta, Beatriz, que sospecho que has perdido...

16

Beatriz	«Está sin madre esta casas y nuestro padre de mí confianza ha hecho.» ¡Bien lo que tiene en ti sabe!
Margarita	¿Cuándo tú así hablarme sueles?
Beatriz	«Porque a pesar de canceles, ¿por dónde un papel no cabe?» ¡Y qué cierto! ya lo ves; probaste lo que has propuesto.
Margarita	¿Estás loca?
Beatriz	«No, que es esto prevenir daños.»
Margarita	Ea, pues, baste, hermana, el cordelejo, que yo me doy por vencida. Un modo de estado y vida, seguimos, pendencias dejo; acábense en amistad, que si Amor es nuestro Dios, no es bien riñamos las dos siendo de una facultad.
Beatriz	¡Qué de ello ha si tú quisieras que esto estuviera ya en paz!
Margarita	No te juzgué tan capaz que amaras con tantas veras; pero quien tan bien defiende prendas que el amor le da,

el grado merecerá
que en su escuela se pretende.
　Tu tercera quiero ser,
si tú admites serlo mía.

Beatriz　　　　　　　Decirte de no quería,
mas perdonar es vencer.
　Comunicarte deseo
secretos que ya te fío,
Repasa este papel mío
mientras que yo el tuyo leo;
　contarémonos después
las dos nuestras aventuras.

Margarita　　　　　　Así estarán más seguras.
Va de versos.

Beatriz　　　　　　　　　　　　　Vaya, pues.

(Lee doña Beatriz para sí un papel, doña Margarita, en voz alta el otro.)

Margarita　　　　　　　«Vulgar experiencia alcanza
quien tiene por opinión
que es muerte la posesión
de su madre la esperanza.
Yo, mi bien, que la mudanza
tengo por fallido empleo,
cuando en posesión me veo
vuelvo de nuevo a esperar
lo que tengo de gozar,
y poseyendo deseo.
　La voluntad, que liviana,
no es igual a la que os doy,
no ve que lo que goza hoy

18

lo ha de apetecer mañana.
Poseí la soberana
belleza que solicito;
porque olvidarla es delito,
y porque Amor, siendo dios,
no tiene limite en vos,
sino asomos de infinito.
   Siendo esto así, el dilatar
será, Beatriz, padecer;
vuélvaos mi fe a poseer,
porque os vuelva a desear.
Ventura, tiempo y lugar
donde vos sabéis tenemos.
Si en ausencia padecemos,
gloria en presencia tengamos,
que el tiempo que malogramos
hará el tiempo que lloremos.»

(Acaban de leer una y otra.)

       ¡Posesión, Beatriz! ¿Qué es esto?

Beatriz   Llámanse conformidades
de gustos y voluntades
que Amor y el cielo han dispuesto;
   posesión, por el derecho
que tiene el galán o dama
en la voluntad que ama.

Margarita   No, hermana. ¡Ay, cielo! ¿Qué has hecho?

Beatriz   Entregarle las potencias
del alma, que el cuerpo no.

Margarita	Quien tiempo y lugar halló
	para tales evidencias,
	   mal se vendrá a contentar
	con el alma al encenderse;
	que ésta para poseerse
	no necesita lugar,
	   que no le ocupa, Beatriz,
	el espíritu.

Beatriz	¿Aún porfías? Yo no sé filosofías; esto es verdad.
Margarita	Más feliz es tu amante que fue el mío, que él en mis ojos ver pudo mi amor solo, honesto y mudo, y aun de ellos no le confío. Plegue a Dios...

(Sale un Criado.)

Criado	Mi señor llama.
Beatriz	¿A quién?
Criado	A vuesa merced.

(Vase el Criado.)

Beatriz	Desear, es tener sed. Diréte después quién me ama y honestamente desea lazos de un amor constante,

	y tú me dirás tu amante.
Margarita	¡Quiera el ciclo que no sea perdición de nuestra casa!
Beatriz	Anda, incrédula, que amor cuando es padrino el valor, las almas, no la honra abrasa.

(Vase doña Beatriz.)

Margarita	Culpaba desenvolturas
	de solos mis ojos yo,
	cuando mi hermana logró
	palabras y coyunturas.
	   ¡Válgame Dios! ¿quién será
	este amante poseedor,
	o quien terciando en su amor
	a la ocasión se la da
	   para que se vean los dos?
	Mas ¿qué pregunto si sé
	que amor espíritu fue
	invisible, porque es dios,
	   y que cuando a un alma abrasa
	y introduce sus enojos,
	entrándose por los ojos
	mejor podrá entrarse en casa?
	   Basta, que es ya poseer
	en Beatriz, lo que hasta aquí
	fue solo mirar en mí.
	Quiero volverle a leer.

(Sale don Álvaro, y llégase sin ser visto por las espaldas de Margarita, que está leyendo el papel.)

Álvaro (Isabel.)   (Leyendo está mi papel.
                        Veré —pues no me ha sentido—
                        si le alaba.)

Margarita   ¡Qué entendido!
                        Mil sales vienen en él.

Álvaro (Isabel.)   (¡Ay, cielos! Letra es ajena.
                        Sospechas, ¿a los umbrales
                        salís? ¡Papel con mil sales,
                        y no mío?)

Margarita   Dame pena
                        esto de la posesión.

(Lee el papel para sí don Álvaro, detrás de doña Margarita.)

Álvaro (Isabel.)   (Mis desdichas en él leo,
                        y entre desengaños veo
                        lo que las mujeres son.
                            Que la posesión la da
                        pena, dice mi homicida,
                        luego ya está poseída,
                        luego aborrecióme ya.
                            ¿Qué dudo, si por escrito
                        lo ve mi pasión tirana?)

(Lee.)

Margarita   «Poseí la soberana
                        belleza que solicito.»

(Lee aparte.)

22

Álvaro (Isabel.)	(«Ventura, tiempo y lugar donde vos sabéis tenemos.»)
Margarita	Honra inútil, ya podremos vuestra pérdida llorar.

Álvaro (Isabel.)	(Tarde el Santelmo ha llegado
	de vuestro conocimiento.
	No tienen merecimiento
	las lágrimas en pecado;
	   quien no supo prevenirse
	con imprudencia las vierte,
	porque después de la muerte
	no vale el arrepentirse.
	   Muerto el honor, pena es vana.
	Gente sale. Pues no he sido
	de quien me ofende sentido,
	retirarme quiero.)

(Éntrase, y quédase escondido. Sale doña Beatriz.)

Beatriz	Hermana,
	   Gonzalo Pizarro está
	con mi padre. Si te agrada
	verle —pero interesada
	eres no poco, sí hará—
	   ven, porque en él consideres,
	cuando desdenes asombres
	el Aquiles de los hombres,
	el Paris de las mujeres.

Margarita	¡Válgame Dios! No te cabe en la boca. ¿Qué intereso,

	cuando venga a ser todo eso,
	en verle yo?
Beatriz	Dios lo sabe.
	No te pesa que hable en él,
	que ya yo vi, así te goces,
	que le alabas y conoces.
Margarita	¿Yo?
Beatriz	Dígalo este papel.
Margarita	¿Pues es suyo?
Beatriz	¡Acaba ya
	fingimientos tú conmigo!
	Si tienes ese testigo
	donde eslabonando está
	finezas que alegre leas,
	¿por qué fingida me engañas,
	ni por qué su nombre extrañas
	cuando en él te saboreas?
Margarita	¿Yo en él?
Beatriz	En su estilo tierno.
	¡Qué bueno anda nuestro honor!
Margarita	Conforme le muestra amor
	ya le sueña padre yerno.

(Vanse las dos. Sale don Álvaro.)

| Álvaro | Fenecieron ya sospechas |

a manos de certidumbres;
lo que dudaban vislumbres
ven verdades satisfechas.

   Mintieron en Margarita
ojos, donde se asomaron
lisonjas que me engañaron,
porque amor mal se acredita

   en sus niñas, que livianas,
cuando esperanzas concierta,
franqueando a otro la puerta
desmienten por las ventanas.

   Gonzalo Pizarro es yerno
de casa. Así le llamó
doña Beatriz; poseyó
galán, entendido y tierno;

   fue estudiante, graduóse
en escuelas de discreto.
Ya es soldado, y al respeto
de Marte, Venus rindióse.

   Su industria y mi negligencia
le amparan la posesión,
cuando solo tengo acción
en los ojos. Competencia

   contra quien en ella está
no me promete sosiego;
pero, en fin, Amor es ciego,
y a ciegas sentenciará.

   ¡Vive Dios, que he de vengarme
en él de quien me agravió!
En sus ojos tuve yo.
derechos para ampararme.

   Si es valiente, mis desvelos
desmentirán su partido,
que nunca sale vencido

amor que riñe con celos.

(Vase don Álvaro. Salen don Francisco Cabezas, viejo, y don Gonzalo, soldado, muy galán.)

Francisco

En fin, Gonzalo, malograstes cursos
que en Salamanca os prometían el grado,
con que honran estudiosos sus concursos.

Gonzalo

Plumas gastan el sabio y el soldado;
uno en papel, el otro en el sombrero.
No me llamó mi estrella a ser letrado.
    Condena a muerte un juez, en paz severo,
y si con una pluma afrenta y mata,
¿cuánto es mejor fiársela al sombrero?
    La juventud que entre las hojas trata
de los libros que estudia, las que afila
Toledo, siempre a las hazañas grata;
    mientras el tiempo la vejez jubila,
se emplea en travesuras y lecciones,
porque en ambas sus gustos recopila.
    Ocasionaron las oposiciones
de dos cátedras vacas competencias,
que hay poco de cuestiones a cuestiones.
    Vizcaya —siempre amiga de pendencias—
saliendo a rotular Extremadura,
una noche propuso resistencias;
    mas yendo con nosotros la ventura,
si no el valor, que no soy arrogante,
dando la muerte a tres nos asegura.
    Murió entre éstos un célebre estudiante,
hijo del secretario que más priva
con nuestro Enrique cuarto, y fue bastante
    su sentimiento a que el Consejo escriba

despachos criminales, que comete
a un juez pesquisidor, un peste viva.

Éste a fuego y a sangre a saco mete
culpados e inocentes, porque avaro
tenía la ocasión de oro del copete.

No valieron con él ruegos, no amparo.
Destierra, echa a galeras y ajusticia
a diestro y a siniestro sin reparo.

Huyeron el rigor de su avaricia
muchos, y yo con ellos, al sagrado
que halló la juventud en la milicia.

Halléme en rebeldía condenado
a cortar la cabeza; mas ¿qué importa,
si gozo privilegios de soldado?

En fin, mientras cabezas el juez corta,
los hábitos repudio, galas visto,
y el parche sigo, que al valor exhorta.

Llego a Valladolid, y en él me alisto
en favor de mi rey, que despojado
de su silla, a rebeldes es mal quisto.

En Ávila se había coronado
el infante, su hermano —simple mozo—
instando sola la razón de estado.

La ambición e interés —mortal destrozo
del gobierno— y la paz se disfrazaban
en traje de lealtad. ¡Civil rebozo!

Dejo en silencio los que conspiraban
contra su rey y lo que pasó en esto,
que los nobles no injurian, sino alaban.

Leal seguí el partido más honesto,
a imitación de los Mendozas todos,
y la mayor nobleza, que hasta en esto,

abominando los injustos modos
con que se vio sin reino nuestro Enrique,

mostraron ser reliquias de los godos.
   No queda Osorio ilustre, no Manrique,
Arellano, Velasco y Acevedo
que a la lealtad, la vida no dedique;
   los Álvarez famosos de Toledo,
los Cuevas de Alburquerque, y cuantos leales
la batalla vencieron junto a Olmedo.
   Halléme en ella, honrándome señales
de alférez que adquirí, si no hazañoso
afortunado siempre en riesgos tales.
   Murió el intruso rey de un presuroso
accidente mortal —Alfonso digo,
engañado mancebo, no ambicioso—.
   Sus cómplices temieron el castigo,
y con Enrique, en fin, reconciliados,
padre le aclaman, si antes enemigo.
   Volvieron a triunfar siglos dorados,
colgó arneses la paz, y en pretensiones
libraron sus servicios los soldados.
   Yo, señor don Francisco, que en lecciones
seis años, y uno y medio en la campaña,
ya seguí las escuelas, ya pendones,
   mientras respira sosegando España,
vuelvo a Trujillo, noble patria mía,
por ver si la amistad el ocio engaña.
   Parecióme que en ella no cumplía
con lo que os debo no viniendo a veros,
si bien tardanzas disculpar podría
   con estorbos precisos.

Francisco   Reprenderos
debiera con razón, pero ha ya un año
que esta ciudad, dichosa en poseeros,
   otra vez os gozó. ¿Conmigo extraño?

28

Mas ¿cuándo no causaron las vejeces
la verde juventud hermoso engaño?
    Vedme, señor Gonzalo, muchas veces,
y acordaos más de mí, si sois servido,
que aún tengo vivas yo vuestras niñeces.
    El verdadero amor que os he tenido
es de padre, esto es cierto.

Gonzalo   El cielo os guarde,
que yo lo estoy de lo que os he debido,
    y haré de estos empeños fiel alarde
siempre que de vos fuere ejecutado.
Dadme licencia.

Francisco   Ya parece tarde.
    Vaya con vos una hacha.

Gonzalo   No la he usado,
y es temprano, auque noche.

Francisco   Con todo eso.
(Llama.)   ¡Hola!

Gonzalo   No ha de ir conmigo.

Francisco   ¿Ni un criado?

Gonzalo   No hay que hablar. Vuestras manos, señor, beso.

Francisco   Hágaos, Gonzalo, Dios un gran soldado.

(Vase don Francisco Cabezas.)

Gonzalo   A mi Beatriz vi al entrar

y suspendiómede suerte,
hermosa, que si lo advierte
su padre, pudiera hallar
  en los ojos de los dos
mi amor y su agravio escrito;
pero Amor no hace delito,
que a hacerle no fuera dios.

(Sale don Álvaro rebozado.)

  En la mitad de la calle
parece que un hombre está
embozado. ¿Qué querrá
  a tal hora y en tal calle?
  ¡Ah, caballero! ¿Podremos
pasar?

(Don Álvaro, con la espada desnuda al pecho.)

Álvaro   Podréis por aquí.

Gonzalo   Jamás sin causa reñí.
Templaos y no alborotemos
  vecinos. ¿Sabéis quién soy?

Álvaro   Sé que fuisteis licenciado,
y en licencioso habéis dado,
después que informado estoy
  que os atrevéis al respeto
del que gobierna esta casa;
sé el incendio que la abrasa
por vos, y sé, que indiscreto,
  alegando posesiones
—que las guardara mejor

el silencio— usurpador
sois de antiguas pretensiones
   con más derecho adquiridas,
y más cordura calladas,
de quien amáis estimadas
y hasta aquí correspondidas,
   puesto que, como estudiante,
de engaños os amparéis
y mentiras blasonéis
como soldado arrogante.
   Porque el papel que escribisteis
—y su dueño me entregó,
quejosa de vos— sé yo,
que es falso y que le fingisteis
   para dar celos con él
a hermosuras que engañáis.
Si con la espada firmáis
lo que mintió el tal papel
   y reñís ocasionado,
ya lo estáis, satisfaceos
con obras, no con deseos.

Gonzalo   Relación falsa os ha dado.
   La que mi papel os dio
y en quien debéis de tener
—si os llega a satisfacer—
más jurisdicción que yo.
   La antigüedad os concedo
que alegáis en su servicio;
porque yo soy tan novicio
en su pretensión, que puedo
   afirmaros que no ha un año,
puesto que le falte poco;
creíla, que Amor es loco,

y la mujer nuestro engaño.
    Si ella mi papel desmiente
y a vos crédulo os halló,
¿qué perderé en eso yo?
Solo hay un inconveniente
    que mal os tiene de estar,
y es, que os haya dado aviso
de secretos, con que quiso
la industria disimular
    lo que la fama atropella;
y si fue fácil conmigo,
no he de permitir testigo
que viva para ofendella.
    Soislo ya vos, y en rigor,
puesto que mudable fue,
así sepultar podré
menoscabos de su honor.

(Riñen y don Álvaro cae dentro.)

Álvaro   ¡Muerto soy! ¡Jesús mil veces!

Gonzalo   Así, mudable, sepulto
                    liviandades de tu insulto,
                    puesto que no lo mereces.
                        Consuela, aunque no avisada,
                    olvidos de aborrecida,
                    desprecios de poseída,
                    mas con créditos de honrada.

(Vase. Salen Carrizo, Crespo, Bertol y Pulida, pastores.)

Pulida   Él ha de ser escribén
                    o sobre eso...

Carrizo	¡Dalle, dalle!
	Polida, vos lleváis talle
	de alguna tunda. No tien
	de ser, si macho parís,
	escribén. Mira, Polida,
	que el crergo tien buena vida.
Pulida	¿Por qué?
Carrizo	Porque está en un tris
	de ser cura de Garcias,
	y aun de obispar en Meajadas.
Pulida	Tomad para vos, si a osadas,
	no lo verán vuesos días.

(Dale cuatro higas.)

Escribén será, o sobre eso
morena.

Carrizo	Mirad, Polida...
Pulida	O no parirlo en mi vida,
	o escribén.
Carrizo	Tened más seso,
	o yo os juro a non de Dios
	que os cueste la paridura...
	el mochacho ha de ser cura.
Pulida	Malos años para vos.
	El diabro me lleve, amén,

por más que deis en reortir,
que ogaño no he de parir
en no héndole escriben.

Carrizo   Mas que nunca lo paráis,
porque no ha de ser; sí, cura,
que con una hisopadura
coma y cene. no me hagáis...

Bertol   ¿Sobre qué estáis altercando?
¿Sabéis vos lo que ella tien
en el vientre?

Pulida   A un escribén.

Bertol   ¿Pues de do lo váis sacando?

Pulida   ¿De do? Siéntole dar vueltas
de día y de noche.

Bertol   ¿Pues bien?...

Pulida   Luego ha de ser escribén
quien mis tripas trae revueltas.
  Desque preñada me siento
se me antoja levantar
testimuños y arañar
cuanto topo. En todo miento,
  y en cualquiera falsedad
si se conciertan conmigo,
a cuantos lo dudan digo.
Yo doy fe de que es verdad.
  Un proceso sé esconder
un mes por menos de un cuarto.

Si es tramposo antes del parto,
¿después de él qué vendrá a ser?

Carrizo　　　　　No nos andemos cansando.
Crergo tien de ser, Polida,
que, en fin, ganan la comida
lo más del tiempo cantando.
　　Catá, que os dará un puñete
que os haga...

Pulida　　　　　　　　　　¿Qué me heis de hacer?

Carrizo　　　　Apenas le veo nacer
cuando le encajo el bonete.

Pulida　　　　　Pues no le pariré yo.

Crespo　　　　¿Hay riña más extremada?

Bertol　　　　¿Y si estáis de hija preñada?

Carrizo　　　　¡Malos años! Eso no.
　　La primera condición
con que nos casamos hué
que cada que en cinta esté
ha de parirme un garzón.

Pulido　　　　　Por eso no quedará,
que ayer el cura me dijo,
¡Ay, Polida! Os bulle un hijo.

Carrizo　　　　¿Veislo? pues cura será.

Pulida　　　　　Luego el escribén también

con la mano me tentó,
y al punto el rapaz saltó.
Luego ha de ser escribén.

Carrizo   No en mis días.

Pulida   Sí en los míos.

Carrizo   ¡Dalle, tijeretas, dalle,
Polida!

Pulida   ¡Carrizo!

Carrizo   Talle
lleváis...

Crespo   Dejad desvaríos.
¿No es locura [pelear]
por lo que está por nacer?

Pulida   Escriben tiene de ser,
o lo tengo de abortar.

(Va para ella.)

Carrizo   No tien de ser sino cura.

Bertol   Teneos.

Carrizo   No puedo sofrirlo.

Pulida   O escribén, o malparirlo.

Carrizo   Yo os sacaré la criatura

por el cogote.

Pulida   Llegá.

Carrizo   ¿Que llegue? Verá si llego.

(Dala.)

Pulida   ¡Ay, del rey!

Carrizo   ¡Mas que os despego
                  la escribanura!

Crespo   ¡Arre allá!
                  Teneos, Carrizo, Polida.

Carrizo   Crergo ha de ser si sopiese.

Pulida   Escribén, aunque os repese.

Carrizo   Dejádmela dar.

Pulida   Por vida
                  de esto que acá me rebulle,
                  si os llegáis, que he de sacaros
                  los ojos y rastrillaros
                  la cara.

Carrizo   Aunque más barbulle
                  el tema que loca os tien,
                  he de salir con la mía.

Pulida   ¡Mas nonada!

Bertol	La porfía...
Carrizo	Crergo dije.
Pulida	Yo escribén.

(Sale Cerezo, pastor.)

Cerezo	¿Qué esto, Carrizo? ¿Estáis sin seso? Dejad extremos y ved que en casa tenemos al amo viejo. ¿No vais a darle la bienvenida?
Carrizo	¿Quién?
Cerezo	Don Francisco Cabezas, y con él las dos bellezas en que remoza su vida. Apeáronse de un coche en este instante los tres y hicieron sacar después a un mancebo, que esta noche diz que hirieron en Trujillo, y casi a la muerte está.
Carrizo	¿Pues a qué le traen acá?
Cerezo	Eso no pude advertillo; mas ellos, en fin, acaban de apearse, y preguntó el viejo por vos.
Carrizo	Pues vo.

Bertol	¿No pudieran, si pensaban trasnochar, darnos aviso, y tuvieran que cenar?
Cerezo	¿En la Zarza han de faltar conejos?
Carrizo	Tan de improviso y casi al amanecer, ¿qué mucho que no los haya?
Carrizo	¿Vo a verlos?
Pulida	Vaya o no vaya, escribén tiene de ser.
Carrizo	¡Oh! ¡Qué pan como unas nueces se os apareja!
Crespo	¿Hay locura semejante?
Pulida	Escribén.
Carrizo	Cura.
Pulida	Escribén quinientas veces.

(Vanse todos. Salen don Francisco Cabezas y Mendo García, Viejo.)

Francisco	El crédito que de vos tuve siempre, Men García, fiándoos la hacienda mía,

me obliga a que entre los dos,
   quedando mi honor seguro,
os comunique secretos
que necesitan discretos
consejos, y los procuro
   de vuestra larga experiencia.

García

Ya sabéis, señor, de mí
que en vuestra casa nací
y que en ella y la asistencia
   de esta granja os he servido
con limpieza y con lealtad.

Francisco

Saqueos a esta soledad
de noche y recién venido,
   porque lo que he de deciros
pide todo este recato.
Ya os consta a vos cómo trato
mi honor yo, podré advertiros
   que no guarda el avariento
tesoros de su ganancia
Mendo, con más vigilancia.

García

Si el mucho recogimiento
   de vuestra casa, y que en ella
de padre y madre servís,
pues por los dos asistís,
cuidando prudente de ella,
   si bien no hay mucho que hacer
en guardar las hermosuras
de Trujillo, pues seguras
aun nose permiten ver,
   y está en ellas vinculada
la honestidad extremeña.

40

Francisco	¡Ay, Mendo, que la despeña
	la juventud desbocada!
	Escuchad una desgracia,
	que si hasta aquí no entendida,
	en sabiéndose ocasiona
	o mi muerte o mis desdichas.
	Esta noche, cuando en luto
	trocaba el cielo la risa
	del alba, porque el Sol muerto
	resucitaba en las Indias
	apenas mandé cerrar
	las puertas —que una visita
	les permitió a tales horas
	lo que les niego aun de día—
	cuando sentado a la mesa
	ligera cena admitía
	por sucesor suyo al sueño
	—que la vejez ya es antigua
	pensión dormirse temprano,
	si bien las aves imita,
	que madrugan con el alba
	a darle la bienvenida—
	a los primeros bocados
	centro yo de mis dos hijas,
	oigo espadas en la calle;
	mas fue tan breve la riña
	como su desgracia larga,
	porque apenas dando prisa
	a un montante jubilado
	y a una hacha mal encendida,
	salgo, cuando sin aliento,
	tropieza en su sangre misma
	un hombre que a mí se abraza

diciendo: «¡Virgen Divina!
¡Confesión! ¡Jesús mil veces!».
Y bañándome en su herida
el ya extranjero licor,
caímos los dos encima,
el casi difunto joven y yo,
en su sangre teñidas
canas y ropa, la muerte
pensó en mí copiar su cifra.
Bajaron al alboroto
mi Beatriz y Margarita
con dos doncellas, que solas
son de noche la familia
de mi casa, porque en ella
no consiente que se admitan
hombres el cuerdo escarmiento.
¿Qué queréis? costumbre es mía.
Como me vieron bañado
en sangre, y no prevenidas,
ocasionaran las voces
a que en las casas vecinas
me dudasen agresor,
murmurándome homicida,
y conjeturando agravios
de honor, ocios y malicias,
atajé este inconveniente
haciendo subir arriba
el herido desmayado.
Cerré puertas y advertílas
ser de otras venas la sangre
que sin razón despedida
del dueño propio, buscaba
hospedaje en mí, mendiga.
Callaron, no sosegadas

con esto, mas reducidas
al riesgo de su alboroto.
Domésticas medicinas
aplicamos al paciente
cuando el alma fugitiva
buscaba puerta, y la hallara
por una estocada encima
tres dedos del corazón,
si aceites, bálsamo e hilas
no hicieran retrocederla
al pecho que vivifica.
Tomada, aunque mal la sangre,
puesto que no permitía
el parasismo rebelde
que el pulso pidiese albricias,
entró, aunque inquieta, en consejo
la honra, a quien apadrina
la prudencia recelosa y
aquesta vez discursiva;
reparó en curiosidades
del herido, ya de día
cursando nuestra parroquia,
ya nuestra calle, aunque habita
en la ciudad —bien sabéis,
que así por costumbre antigua
se llama la parte baja,
y la superior la villa—.
En esta, pues, que los nobles
moran y apartados distan
de la plebe, que en lo llano
contrata, vende y fabrica,
daba a la murmuración
causa, y a las celosías
de nuestra casa recelos,

profanadas con su vista.
Manchó mis puertas su sangre,
y temí que pretendía
quien tanto las paseaba
de noche a mi infamia abrirlas.
Hallaron estas sospechas
indicios en Margarita,
si no evidentes, probables,
porque la color perdida,
lágrimas se desmandaban
con disfraz de compasivas,
amantes en la sustancia;
y aunque el temor reprimía
suspiros que malograba
el silencio en la oficina
del pecho, abortó el pesar
por los ojos su noticia.
Lloraba también su hermana,
pero las señales tibias
de su piedad inocente
me mostraron cuán distintas
son las que el amor arroja,
y que hay tal vez —siendo enigmas
que sustituyen palabras—
lágrimas ponderativas.
Dudoso yo en este aprieto
por ver si los averigua
sin testigos la prudencia,
que baje al zaguán me avisa
la industria, y sacando el coche
a la puerta sin abrirla,
mando tender una cama
en él que al enfermo sirva,
donde al punto le traslado,

y corriendo las cortinas
notificado el secreto
que el temor manda que admitan,
mis dos hijas y criada,
hago que dentro le asistan.
Con esto a la calle salgo
y dando al cochero prisa
—ya sabéis que vive enfrente—
puso a un caballo la silla,
y guarneciendo otros tres
yo a un estribo, sin noticia
de lo que en el coche lleva,
cuatro horas antes del día,
tres leguas que hay de distancia
hasta aquí corrió, que guían
dudas de un temor honrado,
sospechas que martirizan.
Volvió el herido en su acuerdo
y aunque de verse se admira
caminando y con nosotros,
amistades y caricias
le aseguran y aconsejan
que de mi casa se sirva
y diligencias estorbe
forzosas en la justicia.
Llegamos, Mendo, a la Zarza,
donde aunque el engaño finja
disimulos de mi ofensa,
mientras su dueño peligra
si muere podrá el silencio
—haciéndole compañía
su cómplice en mi deshonra—
sepultar con él malicias
que vulgarice la fama,

y si el cielo le da vida,
desposándose los dos
trocar pesares en dichas.
No puede esto dilatarse;
porque mientras se publica
la falta que hace en su casa
quien quiso ofender la mía,
no siendo mortal el golpe,
tálamo la cama misma
será, o túmulo si muere,
que al llanto o al gozo sirva.
Para cualquier cosa de éstas,
Mendo amigo, necesita,
la confianza que os hago
de vuestra ayuda; no diga
Trujillo que en mi vejez
se eclipsó la sangre limpia,
siempre en los Cabezas noble,
pero jamás ofendida.
Prevenid, mientras dispongo
bodas o obsequias, García,
caballos que a Portugal
deslumbren los que nos sigan.

García   Yo, señor, no consejero,
sí obediente, como en dichas
en desgracias vuestra sombra,
no osaré que os contradigan
razones de la lealtad.
Cuerdas canas autorizan
vuestros años y experiencias;
sirvaos yo, y ellas elijan,
que aunque no me hayáis fiado
el nombre del que os obliga

a tanta resolución
—quizá porque no lastiman
de los que no se conocen
desgracias— por cuenta mía
corro a ejecutar deseos
que agradan, más no examinan.
Voy a apercibir caballos.

Francisco   No, Mendo, aguardad que os diga
quien es el que...

(Sale doña Beatriz, cubierta con manto y chapín bajo.)

Beatriz   Si en los nobles
vinculó la cortesía
el favor de las mujeres,
y puede con vos su estima
que, sirviendo a las hermosas,
honréis a las afligidas;
oíd aparte. Yo soy...

(Apártase con Cabezas.)

quien del vuestro necesita,
y huyendo riesgos mortales
mas de estos montes se fía
que de quien el ser me ha dado.
Mi historia —si a referirla
me dieran lugar temores
que ligeros se avecinan—
os asombrara, mas baste
a advertiros que me obligan
engaños de un hombre aleve
a que de mi casa misma,

desterrada en las tinieblas
de esta noche, amparo pida
al cielo y a vuestro valor,
al secreto y la osadía...

(Espántase de conocer a su padre, y tápase más la cara.)

¡Jesús, mil veces!

Francisco   ¿Qué es esto?
Sosegad, señora mía.
¿Qué sentís? ¿qué os da congoja?

Beatriz   Peligros que más me animan
cuanto más cerca estoy de ellos.

Francisco   También lo está aquí una quinta
donde podréis...

Beatriz   Excusadla,
que es fuerza ser conocida
de vos, y mi afrenta temo.

Francisco   ¿Pues en qué mandáis que os sirva?

Beatriz   En que en fe de que sois noble,
mientras que no se os permita,
de lo que aquí sospechéis
a ninguno deis noticia;
en que no sigáis mis pasos,
porque os doy mi fe que estriba
mi vida y honra en ir sola;
en que entre aquesas encinas
que margenan ese arroyo

busquéis en la más antigua
la concavidad que el tiempo,
labró para su ruina,
que con vislumbres del alba
—que empieza a correr cortina
al Sol que le va al alcance—
se os ofrecerá a la vista
un hurto que os cause asombro,
puesto que no de codicia
para quien su precio ignora,
tan costoso a mis desdichas
que temo por él perderme.
Interpreten este enigma.
vuestras nobles diligencias,
que a quien os le deposita
se le volveréis después,
si dándoos las señas mismas
que en él hallaréis agora
os volviere a buscar viva.
Vos sois noble, mujer yo,
mi riesgo y pena precisa,
y el ausentarme forzoso:
adiós, que el tardar peligra.

(Vase doña Beatriz.)

Francisco   ¿Hay suceso semejante?

García   Señor ¿qué es esto?

Francisco   García,
descaminos de la noche
que ignorancias precipitan.
No puedo deciros más.

Di palabra, he de cumplirla;
esperadme aquí, que presto
sabréis cosas peregrinas.

(Vase don Francisco Cabezas. Salen Carrizo, Crespo y Bertol.)

Carrizo
          Sacomos la empujadura
de pendencias.

Crespo
                    ¿Qué parió?

Carrizo
No sé cómo lo llamó
la comadre. En fin, ni cura
     ni escribén será la cría.

Bertol
¿Pues qué ha de venir a ser?

Carrizo
No siendo hombre ni mujer,
Bertol, cesó la porfía;
     ya no habrá sobre qué arguya.

Crespo
¿Pues es animal?

Carrizo
                    Tampoco.

Crespo
¿Qué diablos parió?

Bertol
                    ¿Estás loco?

Carrizo
No salga ella con la suya
     y reviente. Un burujón
vino a empujar con su cola
redondo, que llaman bola
de Beatriz.

Crespo	Callad, simplón.
	Bola matriz debió ser.
	Milagro será si escapa.
Carrizo	Muérese un reye y un papa,
	un conde y un mercader;
	cuando se muera Polida
	paciencia y capuz.
García	¿Qué es eso,
	Carrizo?
Carrizo	¡Oh, señor! le beso
	las manos. Está parida
	nuesa compañera, y dudo
	que según a verla llego,
	tome las de Villadiego.
García	¿No os pesará de ser viudo?
Carrizo	Ni tampoco al ganapán
	que del tercio se descarga,
	comiéndose mucho embarga
	—con darnos la vida— el pan.
	Pues ¿qué hará tanta mujer
	por mañana, tarde y día?
Crespo	¿Dónde, señor Men García,
	podremos al amo ver,
	que diz que ha poco que vino?
García	Debe —como ha trasnochado—
	reposar.

Bertol   Será pesado
                      por ser viejo, aunque el camino
                      es corto.

(Sale don Francisco Cabezas y apártase con Mendo García.)

Francisco   Mendo, esta noche,
                      sin duda, Mercurio y Venus,
                      juntando constelaciones,
                      predominan en el cielo,
                      pues una influyendo amor,
                      y otro eslabonando enredos
                      parece que intentan ambos
                      sus horas quitarle al sueño.
                      Aquella mujer que visteis
                      entre crepúsculos negros
                      y blancos, con los de un manto
                      desvelar conocimientos,
                      vecina de nuestra Zarza
                      —porque ¿quién dudara serlo
                      la que encubierta a tal hora
                      pide socorro al secreto?—
                      me contó peligros suyos
                      que, entre preñados misterios,
                      pararon en que guardase
                      a su opinión el respeto,
                      y el hurto que en una encina,
                      cómplice a sus desaciertos
                      hállase, depositando
                      en mí su estima y silencio.
                      Admitílo cortesano,
                      y ausentándose con esto
                      sin consentir compañía,

promesas puse en efecto.
Registré troncos vecinos
de ese arroyo casi seco,
y hállele —escuchad milagros—
cuna de un niño risueño,
a quien, amorosa madre,
una cabra daba el pecho.
Asombróme su piedad,
trayéndome el alma ejemplos
de Semíramis, de Abides,
de Ciro, Rómulo y Remo;
y pronosticando en él
las felicidades de ellos,
compasivo le di abrazos,
cariñoso le di besos.
Aquí le traigo, García,

(Descubre un niño recién nacido.)

casi olvidado —os prometo—
de agravios que temí propios,
y agora socorro ajenos;
quizá porque ordena Dios,
cuando venganzas prevengo,
que en estas que son mayores
temple el rigor sus aceros.
Mirad qué hermoso póstumo
de un tronco estéril y viejo,
y advertid que le amo
más que si le feriara nieto.

García   ¡Válgame Dios! ¡Qué de cosas
en la brevedad del tiempo
que ha que el Sol se fue al ocaso

niegan la fe a sus sucesos!
El inocente es un ángel.
Como en el alma, en el cuerpo
en sus faciones firmaron
que eran ilustres sus dueños.
Dichosos con vos han sido,
y más en que os dé el cielo
ama, que es nuestra criada
recién parida en el pueblo.

Francisco   ¿Quién es, que lo estimo en mucho?

García   Pulida, la del rentero
de vuestra heredad.

Francisco   ¿Carrizo?

Carrizo   ¿Qué manda? que como vemos
que se aparta de nosotros,
la cortedad y el respeto
mos turba el llegar a dalle
los prácemes que debemos.
Su merced sea bien venido.

Francisco   Carrizo, feriaros quiero
un tesoro, que es mi hallazgo.

(Dale el niño.)   Esta joya os encomiendo;
que la traiga en nombre
mío colgada Pulida al pecho,
por ser de coral y plata.

Carrizo   Si hué su mercé el platero,
lindamente labra brincos.
Debió el molde de ser nuevo,

que diz que en joyas vaciadas
suelen acertar los viejos.
Polida —que no lo ha sido
en el parto— arrojó al suelo
un bollo matriz de carne,
y llora su mal empleo,
mas éste la alegrará.

Francisco   Vamos, pues.
                 Pero ¿qué es esto?
           Señor don Rodrigo, ¿vos
en la Zarza?

(Sale don Rodrigo, viejo.)

Rodrigo   Y con recelos
de que vuestros disimulos,
señor don Francisco, han hecho,
desheredando mi casa,
tragedia mi fin postrero.
A don Álvaro Durán,
casi a vuestras puertas muerto,
trasladasteis esta noche
desde Trujillo a este pueblo.
Quien curioso vio desdichas,
disimulándolas cuerdo,
por no despertar testigos
que injuriasen el secreto,
aviso me dio de todo;
y como os conozco, temo
que libráis en la venganza
partida de un desacierto.
Verdad es que ha sido amante
don Álvaro, pero honesto,

de vuestra hija mayor,
y que instándome los ruegos
que oficioso me intimaba,
mañana tenía propuesto
de pedirosla, y trocar
amistad en parentesco.
Si porque tal vez le visteis
a deshora lisonjero
con las puertas que adoraba
ponderarlas sus afectos,
juzgáis, su sangre vertida,
manchas hoy del honor vuestro,
le traéis por sacarlas
donde el jabón es de acero,
sosegaos, que si está vivo
—ioh, permítanlo los cielos!—
yo quedaré consolado
cuando muera vuestro yerno.

Francisco   Don Rodrigo, adivinasteis.
La opinión, que como espejo,
puesto que al honor retrata,
le quiebra o turba el aliento,
satisfacción me pedía;
mas, con tan sabio remedio,
ella cobrará su lustre,
y yo viviré contento.
También lo está vuestro hijo.

(Salen doña Margarita y doña Beatriz.)

Margarita   Beatriz, hele satisfecho
de modo que ya está sano,
que su mal más fue de celos

	que de la inclemente herida.
Beatriz	Señor, a pedirte vengo albricias de las mejoras que alientan a nuestro enfermo.
Margarita	El insta en que a verle vayas.
Francisco	Más instarán los deseos que en vos, hija, culpé anoche, y ya más piadoso apruebo. Beatriz, vuestra hermana tiene a mi satisfacción dueño. No habéis vos de estar ociosa; fiaros este ángel quiero. Sedlo vos suyo de guarda, como a madre os le encomiendo.

(Ella toma al niño.)

Carrizo	¿Madre y virgen en Castilla?
Beatriz	¡Qué hermoso es!
Francisco	Como mi afecto.
Beatriz	No será el primer milagro, si a travesuras creemos que mi madre nos contaba, y aun no las marchita el hielo. Pero decidnos su hallazgo.
Francisco	Pide espacio ese suceso. Su nutriz será Pulida

y su aya vos.

Beatriz   Yo lo acepto.

(Doña Beatriz habla aparte a doña Margarita.)

                                        ¡Ay hermana de mis ojos!
                                        Este niño...

Margarita   ¿Sí?

Beatriz   ¿Dirélo?

Margarita   Acaba ya.

Beatriz   Es fruto mío.

Margarita   ¿Estás loca?

Beatriz   De contento.

Margarita   ¿Cómo o cuándo?

Beatriz   No ha dos horas.

Margarita   ¿Dónde?

Beatriz   En el campo.

Margarita   Sospecho
                              que me burlas.

Beatriz   Posesiones
                              del papel —si enigmas fueron—

ya son verdades con alma.

Carrizo   ¡A jó, niño, ajó cordero!

Fin de la jornada primera

Jornada segunda

(Salen doña Beatriz, doña Margarita, don Martín, don Álvaro y don Francisco.)

Martín   La fe de aquel amante,
a pesar de desvelos, tan constante,
Beatriz, que se promete
esperar, tras siete años, otros siete,
que, al fin de tanto día,
mejoren en Raquel burlas de Lía,
mi dicha reconoce,
pues si catorce no, pretendí doce
conquistar resistencias
que premios logran ya, si antes paciencias;
puesto que me aventajo
al hebreo amador, pues su trabajo
mejoró de partido,
que él, en fin, esperó correspondido;
pero en vuestra belleza
leyendo ingratitudes mi firmeza,
tejía entre esperanzas
rigores y Amor —fiel de estas balanzas—
me muestra hoy generoso
que medra al paso que es dificultoso.

Francisco   Don Martín, ya sois dueño
de vuestra pretensión. Tiempo es pequeño,
por largo que parece,
el que consigue aquello que apetece.
Beatriz, cuerda, hace alarde
de que el moral porque produce tarde
sus frutos asegura,
no como el loco almendro en la hermosura
de su ambición tirana,

61

que madrugando necio, apenas grana.
Ya vos sois, hijo mío,
de don Álvaro primo, en quien confío
sucesión venturosa,
pues una sangre os honra generosa
que propague infinita
sucesión en Beatriz y Margarita.

Álvaro   Mi primo y yo mostramos
que en gustos como en deudos conformamos;
pues si amor nos abrasa
nos conduce a su yugo en una casa
y a una misma nobleza
enlazados los dos con la belleza
que en posesión tenemos
de hijos vuestros el nombre merecemos,
con que a trocar venimos
en vínculo de hermanos el de primos.

Francisco   Don Martín ¿cuándo se trata
ausentarse de aquí?

Martín   Mi amor dilata
lo mismo que apresura.
Falta a mis padres hago, la hermosura
de mi Beatriz parece
que en hablándola en esto se entristece;
pero perdiendo tanto
y ausente de tal padre, no me espanto.
Ella el término elija
cuando fuere su gusto.

Francisco   Ya estáis, hija,
sujeta a nuevo empleo,

digno de las virtudes que en vos veo.
El natural derecho
que hasta aquí tuve en vos, puesto que estrecho,
transfiere poderoso
Amor, que es rey y es dios, en vuestro esposo.
Ya estáis emancipada
de padres y de deudos, y obligada
solo a los lazos justos
de un tálamo, recíproco en dos gustos.
El vuestro ya no es vuestro;
rendilde al dueño, mi Beatriz, que os muestro,
y pues os quiere tanto,
no entibien llamas suyas vuestro llanto.

(Llorando.)

Beatriz   Conozco, señor mío,
dichas que medro, y aunque más porfío
refrenar mis enojos,
sin consultar la voluntad los ojos,
dieran con poco acuerdo,
el bien que gano por el bien que pierdo.

Francisco   Beatriz, ya yo adivino
la causa que ocasiona el desatino
de esas lágrimas leves;
no las imputes lo que no las debes,
que no por ausentarte
de tu hermana y de mí, pueden ser parte
a tan rebeldes quejas.
Lloras el ver que a Francisquito dejas;
que como le has criado,
el nombre en ti de madre ha granjeado,
y tú con él contenta,

ni de tomar estado has hecho cuenta,
ni cuando le parieras
amor al que le tienes añadieras.
No me espanto yo de esto,
que el rapaz tiene hechizos, y habías puesto
en él todo tu gusto;
mas ya pasa tu llanto de lo justo.
En doce años no ha sido
posible que cúyo es se haya sabido.
Su madre que afligida
puso a riesgo, por no ser conocida,
su poca edad, sospecho
que debió de morirse, pues no ha hecho
por él las diligencias
que ofreció al ausentarse; ¿a qué inclemencias
no están las hermosuras
sujetas que se creen de travesuras?
Francisco es ya medio hombre
y casi hijo de casa, que hasta el nombre
en vida me ha heredado;
amor le tengo, deja ese cuidado
a mi cuenta, y olvida
adoptiva afición, pues reducida
al que obediencia debes,
no será bien que en la memoria lleves
ocupación que incierta
de servirle y amarle le divierta,
y dispón tu partida
que ha de ser luego.

Margarita   Toda despedida
es penosa, y mi hermana,
puesto que reconoce lo que gana,
lo que se deja siente,

que es padre, hermana y patria juntamente.

Martín   Ea, mi bien, yo espero
serviros tan amante que primero
que entréis en nuestra casa,
si amor en gustos descontentos pasa,
halléis en mí cifrado
el bien que aquí lloráis por malogrado.

Álvaro   Vamos y prevendremos
vuestra jornada.

(Vanse don Álvaro, don Martín y don Francisco. Doña Margarita habla aparte a doña Beatriz.)

Margarita   Hermana, esos extremos
si hasta aquí ocasionaban
lágrimas que remedios esperaban,
ya de hoy más serán necios.
Castiga con olvidos menosprecios,
y estima el que esté oculto
de tu amor mal pagado el ciego insulto;
que Francisquito queda
a mi cargo, y en mí tu amor hereda,
porque desde este día
si pierde madre, quedo madre y tía.

(Vase doña Margarita.)

Beatriz   No es la pena tan precisa
en los que el remedio ignoran,
cuando las desdichas lloran
lágrimas que esperan risa;
pero si el dolor avisa

que es su cura irremediable,
¿qué pretende el miserable
que llorando desespera?
Más valiera
por no hacer su mal eterno
morirse, pues malogradas
lágrimas desesperadas,
solo las llora el infierno.
    Doce años lloré de olvidos
a eternizarse bastantes.
¿Quien vio en mudanzas amantes
tanto asistir los sentidos?
¡Ay, don Gonzalo! fallidos
los hombres quedan por ti.
Penélope ausente fui;
si tú a Ulises imitaras,
ya tornaras.
Mas ¿ya para qué? Detente,
que tanto imposible en medio
lo que antes fuera remedio,
de hoy más será inconveniente.

(Sale don Gonzalo, de camino.)

Gonzalo   Celos, mi Beatriz —no mía,
ajena sí— celos fueron
los que de ti me ausentaron.
Celoso amor desvaría;
mentiras los persuadía,
pesares los engañaron.
Ellos y el amor trocaron
los sentidos,
pues ambos desvanecidos
dan crédito a sus antojos,

amor viviendo a los ojos,
y celos en los oídos.

   Mientras mi amor no te veía
pero los celos, mi bien,
oyeron de tu desdén
agravios en apariencia,
difícil me persuadía.
¿Cuándo hicieron buena ausencia
agravios de competencia?
En alabanza
de su dicha y tu mudanza
apretaron los cordeles;
verdugos fueron papeles,
murió en ellos mi esperanza.

   Don Álvaro me engañó
engañándose a sí mismo,
propia pasión de los celos.
Heríle porque me hirió
en el alma, y un abismo
de golfos y de recelos
conquistaron mis desvelos,
que bastaran
a olvidar, si se olvidaran
celos que amor desatina,
ponzoñosa anacardina
que da la muerte al que amparan.

   Vióme Italia acometer
imposibles de atrevido
—mejor de desesperado—.
Su rey Alfonso vencer
mis sospechas ofendido
como su reino soldado.
Supe que se había casado
con tu hermana,

don Álvaro, y que fue vana
su sospecha y mi temor,
cruel con los cuatro amor
y nuestra ocasión liviana.
    Quise remediar ausencias
que en doce años sepultadas
muertas en ti malicié;
partí, culpando impaciencias,
volé —no corrí— jornadas;
pero ¿qué importa si hallé
enajenada tu fe,
perdido el bien que intereso,
mi agravio en mayor exceso,
desperdicios de doce años,
mortales mis desengaños,
tú casada y yo sin seso?

Beatriz   A doce años de delito
no sé yo que sea bastante
la disculpa de un instante
que se opone a lo infinito.
    Vos, Gonzalo, al fin sois hombre,
tarde disculpas escucho.
Gonzalo, estimad en mucho
que se me acuerde este nombre,
    que ha tanto que estoy sin veros
y mi paciencia ha gastado
tanto, que aun no me han quedado
palabras que responderos.

(Quiérese doña Beatriz ir, y sale Pizarro muchacho (que le hará una mujer) ni
en traje total de noble, ni de villano.)

Pizarro   ¿En fin, madre, se nos va

y no me lleva consigo?

Beatriz

No será el primer castigo
que sin culpa sentirá
   quien cual hijo os ha criado.
Darle esas quejas podéis
al que presente tenéis,
que él, Francisco, ha ocasionado
   el apartarnos los dos;
pues si memorias pagara
sola la muerte bastara
a dividirme de vos.
   Conocelde, que os importa
más de lo que vos pensáis,
que de él, Francisco heredáis
larga injuria y dicha corta;
   que aunque de poco provecho
no hallaréis —causeos espanto—
hombre a quien le debáis tanto,
ni que más daño os haya hecho.

(Vase doña Beatriz.)

Pizarro (Isabel.)

   (¡Hombre a quien yo tanto deba
y que me haya hecho más daño!
A mí, ¿en qué? ¡Misterio extraño!
¡Válgame Dios! ¡Cosa nueva!)
   Hidalgo a quien nunca vi;
puesto que la vez primera
que os veo a que bien os quiera
me obligáis ¿tenéis de mí
   noticia alguna? ¿sabréis
declararme estas razones?
Agravios y obligaciones

dicen que os debo, y ya veis
　cuán mal conformarse pueden
deudas de ofensas y amor.
Quisiéraos yo mi acreedor,
y aunque los años me veden
　que de vos me satisfaga,
yo sé de mi poca edad
que empeños de voluntad,
si amor con amor se paga,
　os pidieran finiquito.
Porque a fe de hombre de bien
que os quiero bien, y también
que cualquier deuda desquito
　que en esta parte me obligue.
Pero ya habéis escuchado
que estoy por vos agraviado;
de donde también se sigue
　que os pida satisfacción
—si bien ignoro de que—
fidedigno el fiscal fue
que os puso la acusación.
　Si es verdad, como sospecho,
que no hay, puesto que me espanto,
hombre a quien yo deba tanto,
ni que más mal me haya hecho,
　en lo primero me fundo
cual vuestro deudor pagar,
mas también he de intentar
vengarme de lo segundo.
　Ejecutad acreedor,
y pagad ejecutado,
que yo ofendido obligado
si me confieso deudor,
　pues dicen que me ofendisteis,

a procuraros me atrevo
bien, por lo mucho que os debo,
mal, por el mal que me hicisteis.

Gonzalo   Por cierto, niño discreto,
que en vuestra proposición
vos igualáis la razón
al donaire, y yo os prometo,
  a fe de hidalgo, si bien
no sé la causa hasta agora
que tiene mi acusadora
para que con su desdén
  crezca vuestro sentimiento,
que estoy, por el bien que dice
que me debéis y yo os hice,
en tanto extremo contento
  cuanto del mal pesaroso
que me imputa contra vos.
Averigüemos los dos
su enigma dificultoso
  por conjeturas. Decid,
¿es acaso madre vuestra
esta dama?

Pizarro   Amor me muestra
de madre, pero advertid...

(Sale un Paje.)

Paje   Francisco, señor os llama,
que os quiere ver dar lición.

Pizarro   Demás importancia son
licciones en que la fama

averigua oscuridades.
Dile que no me has hallado.

Paje   Está con vos enojado.

Pizarro   ¿De qué?

Paje   De las libertades
                que usáis con vuestro maestro,
y sabe que estáis aquí.
Mirad que sale.

(Vase el Paje.)

Pizarro   Si en mí
merece el amor que os muestro
                hidalga correspondencia,
caballero, dar lugar
a que volviéndoos a hablar
cumpla hoy yo con mi obediencia.
                Débole yo a mi señor
más que podré exageraros;
presto acudiré a buscaros.
Hacedme tanto favor
                que me esperéis en la plaza.
¿Prometéismelo?

Gonzalo   Intereso,
mancebo, tanto yo en eso
que, a no dar vos esa traza,
                os fuera agora prolijo.

Pizarro   Dadme esa mano.

(Dásela.)

Gonzalo

          En su palma
parece que sale el alma
a abrazaros.

Pizarro

          Ved que dijo
la que saber deseáis
si como madre me exhorta:
«Conocedle, que os importa
más de lo que vos pensáis.»

Gonzalo

      ¡Ay, cielos! ¿Y es vuestra madre?

Pizarro

No y sí.

Gonzalo

        Por el «no» perdí
un hijo que por el «sí»
me llamaba vuestro padre.

Pizarro

    ¿Qué decís?

Gonzalo

          Lo que deseaba,
aunque sospecho, por Dios,
que tengo más parte en vos
de lo que yo imaginaba.

(Vase don Gonzalo.)

Pizarro

    ¿Más parte en mí? Confusiones,
¿qué es esto? ¿qué intentáis hoy?

(Sale don Francisco.)

Francisco	¿Francisquito?
Pizarro (Isabel.)	(En medio estoy de un mar de contradicciones.)
Francisco	¿No respondes?
Pizarro	¡Oh, señor! Sí respondo. No advertí que me hablabas.
Francisco	¿Cómo así?
Pizarro	Echo menos el amor de quien presente tenía por madre, y ya se me va.
Francisco	¿Pues yo no me quedo acá?
Pizarro	Y en ti la esperanza mía. Pero quien dos brazos tiene y sabe lo que le importan, si acaso el uno le cortan, aunque a consolarle viene el otro, dado que pueda suplir en algo su falta ¿no sentirá el que le falta por el brazo que le queda?
Francisco	No, que el hortelano astuto en fe de hacer bien su oficio corta las ramas al vicio para que el árbol dé fruto. Las alas que siempre hallaste

en Beatriz te han hecho mal.
Sin ellas el natural
conocerá que heredaste;
   porque si hasta aquí niñeces
travesuras disculparon,
ya, Francisco, esas pasaron.
Doce años tienes; pues creces
   en edad, crece en acciones
de virtud y de experiencia.
Tu habilidad es tu herencia,
no tienes más posesiones.

   Quejas llueven sobre ti
de cuantos la Zarza habitan,
que indignarme solicitan.
Celebrélas hasta aquí
   por donaires de rapaz,
pagándolas en palabras.
Sus hijos les descalabras,
con ninguno tienes paz.

   Dos años ha que te enseña
el maestro que te he dado,
a leer, y en ti ha labrado
lo que el viento en una peña.

   Aun no sabes deletrear.
En materia de escribir
no hay esperanzas. Decir
que contigo han de bastar
   castigos y reprensiones
es por demás. Si pretende
azotarte, te defiende
Beatriz; sus intercesiones
   echado te han a perder,
conoces lo que te adora,
ampáraste de ella y llora.

Con esto ¿qué hemos de hacer?
  Ella se ausenta, en efeto.
Doce años tienes; de hoy más,
libro nuevo o perderás
el favor que te prometo.
  La edad que te disculpaba
ya pasó.

Pizarro (Isabel.)   (¡Válgame Dios!
«Que tengo más parte en vos
de lo que yo imaginaba.»
  ¿Si fuese mi padre este hombre?)

Francisco   Francisco, mientras siguieres
mi consejo, haz cuenta que eres
hijo de casa. Mi nombre
  te di; si este no te inclina
a imitarme, ni por padre
me tengas, ni llames madre,
sino al tronco de una encina.
  Allí te hallé en conclusión,
y allí te puedes volver.

(Sale un Maestro con una cartilla.)

Maestro   Francisco, desde antiayer
no hay hacerte dar lición.
  A este andar no es maravilla
que luzca lo que te muestro.

Francisco   Tiene razón el maestro.
Afréntete esa cartilla
  que en dos años no has pasado.
Llega y da lición, acaba.

76

(Al Maestro.)   Ya quien por él os rogaba
se ausenta; tened cuidado
  desde hoy con él, enseñadle
con el rigor que requiere,
y el día que no supiere
bien la lición, azotadle.

(Vase don Francisco.)

Maestro	Ea, que esperando estoy.

Pizarro	Yo tengo un poco que hacer.

Hágame tanto placer
que se quede esto por hoy,
  pues no hay mucho hasta mañana.

Maestro	¿Qué modo de hablar es ése?

Daréis lición, aunque os pese;
llegad.

Pizarro	Tengo poca gana.

Váyase con Dios maeso.

Maestro	En azotándoos, sí haré.

Daos prisa.

Pizarro	¿Azotes o qué?

Soy ya grande para eso.

Maestro	¿Pues por qué no seréis grande

para afrentaros de ver
que no aprendéis a leer?

Pizarro	¡Qué donosa afrenta! ¡Ande!

¿No habrá habido muchos nobles
que sin leer y escribir
sepan vencer y lucir?

Maestro   Sí, entre encinas o entre robles.

Pizarro   Eso de encinas es cosa
con que muchos presumidos
me dan en cara nacidos,
no de sangre generosa,
    pero de villana sí,
y aun de tan poca opinión...

Maestro   Dejáos de eso, y dad lición.

Pizarro   Y si lo dice por mí,
    quiero advertirle al maeso
que por mejor he tenido
ser en duda bien nacido
que en certidumbre confeso.

Maestro   Yo soy tan...

Pizarro   ¿De esto se siente?

Maestro   ...honrado...

Pizarro   ¡Válgame Dios!
Sosiégese.

Maestro   ...como vos,
que en fin sois un bastar...

Pizarro   ¡Miente!

Y antes que pronuncie el «do»,
tome y sea bien criado.

(Saca la daga y dale.)

Maestro   ¡Muerto estoy!

Pizarro   ¡Y yo vengado!

(Vase Pizarro.)

Maestro   ¡Ay, cielos!

(Salen don Francisco y doña Beatriz.)

Francisco   ¿Qué es esto?

Maestro   Dio
                           muestras ése que arrojaron
                           sus padres mal satisfechos,
                           como sobras y desechos
                           del ser que en él despreciaron,
                             de cuán necio determina
                           domesticar una fiera
                           quien del modo que en la cera
                           quiere labrar en la encina.
                             Hirióme tras no querer,
                           como suele, dar lición.

(A Beatriz.)

Francisco   Las alas de tu afición
                   por fuerza habían de tener,
                     Beatriz, tan torpe suceso.

	¡Vive Dios! que he de matarle a azotes. Id a buscarle.
Beatriz	¡Señor!...
Francisco	Si fuera travieso con otros como lo ha sido, disculpárale la edad; mas tanta temeridad que a su maestro haya herido, ya de atrevimiento pasa. Yo mismo le he de buscar.
Beatriz	Oye, espera.
Francisco	Esto es criar hijos ajenos en casa.

(Vanse don Francisco y el Maestro. Sale don Martín.)

| Beatriz | ¡Ay, prenda del alma mía!
Ya pronostico tu daño.
Mi padre airado... ¡Es extraño
tantos males en un día!
Don Martín, templad enojos
si verme viva queréis.
A mi padre conocéis.
Son terribles sus enojos.
Si no le vais a la mano
alguna desgracia espero.
Mirad que a Francisco quiero
más que a mí, y que será en vano
vivir sin él. |

Martín	Yo sin vos,
	imposible. Voy tras él.

(Vase don Martín.)

Beatriz	¿Qué es esto, estrella cruel?
	¿Pérdidas de dos en dos?
	Por mejor la muerte elijo.
	O ejecutadla hoy en mí,
	o ya que al padre perdí,
	no pierda también al hijo.

(Vase doña Beatriz. Salen don Gonzalo y Hernando Cortés, mancebo.)

Gonzalo	¿Hernando Cortés? ¿Sobrino?
	¿Vos en la Zarza? ¿A qué fin?
	Juzgábaos yo en Medellín.

Cortés	Tras sí me lleva el camino
	que Fernando e Isabel,
	reyes nuevos de Castilla,
	hacen a la maravilla
	de Guadalupe, Y en él
	busco galas cortesanas.

Gonzalo	Siempre vos os inclináis
	a cosas grandes. ¿Dejáis
	buenos vuestros padres?

Cortés	Canas
	y años son enfermedades.
	Mi padre Martín Cortés
	anda achacoso después
	de sesenta Navidades.

Gonzalo	¿Tiene doña Catalina Pizarro salud?
Cortés	Y muestra dicha en ser hermana vuestra con que a imitaros me inclina.
Gonzalo	Ya estáis grande.
Cortés	Y pesaroso de que, estándolo, no haya hecho cosa hasta aquí de provecho.
Gonzalo	Sois extremeño animoso. Heredáis de vuestra tierra y sangre el noble verdor que enciende vuestro valor. Pronósticos hay de guerra con Portugal; brevemente se os cumplirá ese deseo.
Cortés	Esa ocasión, según creo, trae los reyes con su gente a presidiar sus fronteras; porque Alfonso portugués, pide a Castilla después que, fundándose en quimeras del cuarto Enrique, se casa con doña Juana su hija.
Gonzalo	Ese nombre la prohíja quien por la opinión no pasa que Enrique en Castilla deja;

pero desinteresados
contra los apasionados
la llaman la Beltraneja.

Cortés   No sé en eso lo que os diga;
              siempre he guardado respeto
              a mis reyes.

Gonzalo   En efeto,
              cada cual su parte siga;
                que si hay guerra, no tan malo
              para los que no tenemos
              otra herencia.

Cortés   Ya que os vemos
              aquí, señor don Gonzalo,
                —digo en España— después
              que en Nápoles habéis dado
              muestras de tan gran soldado,
              desbaratando al francés,
                ¿qué hacéis en pueblo tan corto?

Gonzalo   Experimentar engaños
              de amor, después de doce años
              de ausencias. Penas reporto
                que me causa una hermosura
              de quien me juzgaba dueño.

Cortés   ¿Hermosura en tan pequeño
              lugar, y no está segura?
                Si es noble ¿quién puede aquí
              usurpárosla?

Gonzalo   Mudanzas

que ofenden mis esperanzas.
Palabra de buscar di
  a un mancebo, y os prometo
que me importa el sosegar
mil sospechas. Dad lugar
a que averigüe un secreto,
  y volvámonos a ver.
Iremos a Guadalupe
juntos.

Cortés   Nunca de amor supe.
Gran cosa debe de ser,
  pues tanto os desasosiega.
Si queréis que os acompañe.

Gonzalo   Cuando dudas desengañe
os diré hasta dónde llega
  el rigor que me amenaza;
pero conviéneme agora
ir solo; dentro de una hora
podréis buscarme en la plaza
  y haremos nuestro camino.

Cortés   Será apacible con vos;
yo os buscaré luego.

Gonzalo   Adiós.

(Vase don Gonzalo.)

Cortés   ¡Qué poco al amor me inclino!

(Salen Carrizo y Pulida.)

Carrizo	Sí, escondedle, que es la pieza digna de guardar.
Pulida	¡Pues no!
Carrizo	El diabro acá mos le echó. Verá qué temprano empieza.
Pulida	Todo mochacho travieso viene, cuando grande, a ser hombre de pró y de valer.
Carrizo	¡Descalabrar su maeso! Pardiez, que no hiciera más Roberto el Diabro. Crialde, morios por él, regalalde.
Pulida	Carrizo, pesado estás; ¿si el otro agravio le hacía y le llamó desechado?
Carrizo	¿Vos... en fin, no le heis criado? Cual el ama, tal la cría. Pues yo os juro si le coge el viejo, que tras él anda, que ha de llevar una tanda cual digan dueñas.
Pulida	Se enoje o no, yo le tengo acá, y aunque venga la justicia no le he de dar.
Carrizo	¡De codicia

es el niño!

Pulida Sí, será.

Carrizo Pardiós que no tién más miedo
que Gaiferos a Sansón.

Pulida Es de bravo corazón.

Carrizo ¿Pues decir que se está quedo?
Apenas los bolos vio
y a los zagales jugando,
cuando la bola agarrando
todos nueve los birló.

Pulida Sabe mucho, y es pracer
ver que de doce años solos
venza a todos.

Carrizo Sí, a los bolos,
es verdad, mas no a leer.

(Salen Crespo, Bertol y otros pastores contra Pizarro, y él con una bola de bolos tras ellos.)

Pizarro Nadie se me descomida,
si no es que tiene pesar
de vivir.

Crespo ¡Descalabrar
a su maeso!

Pizarro ¡Por vida
de don Francisco Cabezas,

mi señor!

(A los pastores.)

Cortés   Tened. ¿Qué es esto?

Pizarro   Que al que llegue descompuesto...

Cortés   Jamás consentí bajezas.
        Apartaos allá, villanos.
       ¿Contra uno tantos?

Pizarro   Ya digo
       que no se metan conmigo
       o se guarden de mis manos.

Carrizo   ¡Tomaos con el rapacito!
       Polida, ved el zagal
       que criáis.

Pulida   No le hagan mal,
       y él no le hará. Francisquito,
        buena Pascua te dé Dios;
       al que te la hiciere, dale.

Bertol   ¡A fe que si el viejo sale!...

Pizarro   ¡A fe si os llegáis los dos!...

Cortés   Bárbaros, quitácis allá!
       ¿Cómo no tenéis empacho
       de venir contra un muchacho
       tantos juntos?

Crespo	Porque está endimuñado.
Bertol	Hijo, en fin, de una encina.
Pizarro	Madre es mía; mas no hay encina judía como quizás algún ruin de los presentes.
Crespo	Por vos lo dijo, Carrizo.
Carrizo	Apelo.
Pizarro	Yo tengo por padre al cielo, una encina debo a Dios por amparo, que de cuna me sirvió. Si infame fuera quien me parió, no sintiera desgracias de la Fortuna, ni al desierto me arrojara, luego noble debió ser. Quien no tiene que perder, poco en hazañas repara. ¿Qué me perseguís, villanos? ¿Rómulo y Remo no fueron reyes? ¿Principio no dieron a los Césares romanos? ¿Qué importa que los deseche la Fortuna, al noble esquiva, si contra ella, compasiva una loba les dio leche?

¡Vive Dios! Que el que otra vez
encinas me ose nombrar
que le tengo de ahorrar
de achaques de la vejez.

Cortés   ¿No sabremos lo que ha hecho
este muchacho?

Carrizo   Es muy luenga
esa historia. No habrá lengua
que dejándoos satisfecho
  os cuente sus travesuras.

Bertol   Hará aquí, si se le encaja,
por quítame allá esa paja,
treinta descalabraduras.
  No se puede averiguar
todo este puebro con él.

Carrizo   ¡Malos años! Es la piel
del diabro.

Crespo   Quísole dar
  lición agora el maeso,
y sobre darla o no darla
le metió por atajarla
todo un cochillo hasta el hueso.
  Huyó a casa de Polida,
que es ésta que le dio el pecho,
y como si no hubiera hecho
cosa nenguna en su vida,
  con mucha frema se puso
a birlar bolos. El amo,
así a un caballero llamo

que le ha criado, confuso
　　de tan grande atrevimiento,
mos ha enviado a buscarle
porque quiere castigarle;
mas él, que no está contento
　　con lo hecho mos la jura.

Cortés　　　　　　　¿Que a quien le enseñaba hirió?
　　　　　　　　　　Eso no lo apruebo yo.

Carrizo　　　　　　　No tién respeto ni al cura.

Cortés　　　　　　　　　Azotarle.

(A Pizarro.)

Bertol　　　　　　　　　　　¡Llegaos, hola!...

(Pizarro, amenazando con la bola.)

Pizarro　　　　　　　Ténganse que estoy resuelto.

Carrizo　　　　　　　Llegad.

Pizarro　　　　　　　　　¿Mas que si la suelto
　　　　　　　　　　que me llevo tres de bola?

(Llega Hernando Cortés a quitarle la bola, y porfían los dos con ella.)

Cortés　　　　　　　　　Suelta, rapaz.

Pizarro　　　　　　　　　　Hola, hidalgo,
　　　　　　　　　　no os metáis, que no os conviene,
　　　　　　　　　　en lo que no os va ni viene.

Cortés	¡Acaba!
Pizarro	¿Apostemos algo que os he de birlar los cascos?
Cortés	¿Hay atrevimiento igual? ¡Vive Dios!
Pizarro	Soy natural de encinas y de carrascos. Pegóseme su dureza. Si por fuerza la queréis, guardad que no la llevéis encajada en la cabeza.
Cortés	No sufro locuras yo.
Pizarro	¿Oh? Pues yo soy muy sufrido. Tomadla.

(Tiran de la bola cada uno para sí, y quédase cada uno con la mitad de la bola.)

Cortés	¡Suelta, atrevido! ¿Qué es esto?
Pizarro	En dos se partió.
Carrizo	¿Hay cosa igual?
Crespo	Pues no estaba hendida y de encina se hizo.
Bertol	¿Qué decís de esto, Carrizo?

Carrizo	¡Brava cosa!
Bertol	¡Y como brava!
Cortés	¿Quién eres, rapaz valiente, que tanta fuerza has tenido?
Pizarro	Mas ¿quién sois vos, que habéis sido para tanto?
Carrizo	¡Hola! ¿Qué gente es ésta que va llegando?

(Sale un Paje.)

Paje	Los reyes en el lugar. Venid, veréislos pasar.
Cortés	¿Quién?
Paje	Isabel y Fernando, que han de entrar hoy en Trujillo.
Cortés	No puedo dejar de vellos, si bien voy por los cabellos. Confuso me maravillo; misterio debe esconder suceso tan raro y nuevo. ¿Queréis, gallardo mancebo, que nos volvamos a ver?
Pizarro	¿Yo, por qué no?

Cortés   Pues, adiós,
                    que ya os miro con respeto,
                    y hemos de ser, os prometo,
                    grandes amigos los dos.

(Vanse todos sino es Pizarro.)

Pizarro   ¡Válgame Dios! ¿Daré fe
                    a presagios contingentes?
                    No, que, en fin, son accidentes
                    sin que causa se les dé;
                    pero también de otros sé,
                    si he de creer lo que oí,
                    que sucedieron así
                    verificando apariencias.
                    Para Dios no hay contingencias,
                    mas para los hombres sí.
                        Ninguno en el mundo ha habido
                    de principios prodigiosos
                    que con hechos hazañosos
                    no se haya opuesto al olvido.
                    Contar de Abidis he oído,
                    rey de España celebrado,
                    que a las fieras arrojado
                    por su abuelo, al viento,
                    al mar, después, viniendo
                    a reinar, fue como Dios adorado.
                        Que criaron las palomas
                    a Semíramis sabemos.
                    Muchos Rómulos y Remos
                    nos fundaron muchas Romas.
                    Si ejemplos en éstos tomas,
                    valor coronas te labra;
                    la Fortuna dio palabra

de ayudar a la osadía.
Si una loba reyes cría,
leche me dio a mí una cabra.
    Un globo, bola o esfera
es la insignia en que sucinta
su figura el mundo pinta;
en su mano la venera
el César. ¿Será quimera
el creer que la mitad
del mundo, felicidad
a mi esfuerzo prometió?
Esta bola se partió
por medio; alma, adivinad.
    Aquel mancebo se lleva
la una parte, y me ha dejado
con la otra nuevo cuidado
y en él esperanza nueva.
Quien dificultades prueba,
felicidades conoce.
Conquiste Alejandro y goce
el mundo, venciendo extraños,
que si empezó en doce anos,
yo le imito de otros doce.
    Seré Alejandro segundo.
¿Fue más de un hombre? Hombre soy;
con el medio mundo estoy,
conquistaré un medio mundo.
Fortuna, en esto me fundo;
vida espero prodigiosa;
favoréceme amorosa,
que en los pechos invencibles
para acabar imposibles
todo es dar en una cosa.

(Sale doña Beatriz.)

Beatriz   Gracias a Dios que los reyes
el enojo han divertido
de mi padre, que intentaba
con mi llanto tu castigo.
Su venida a nuestra aldea
me permite darte aviso
de misterios que no sabes,
mientras a verlos ha ido.
Aquel hombre, si merece
este título, Francisco,
quien por no guardar palabras,
perderme y perderte quiso.
Aquél con quien te dejé,
cuando mi pena te dijo
que injurioso bienhechor
juntó a agravios beneficios,
es tu padre, y ¡ojalá
que juntando al apellido
de tu madre el de su esposa
disculpara el desatino!
No fui digna de este nombre,
puesto que sí el ser principio
de tu vida y mis desgracias,
de tu agravio y sus olvidos.
Lograba yo verdes años,
que autorizaban floridos
el recato siempre honesto
de las damas de Trujillo,
aunque sin madre, segura
entre los cuerdos retiros
de una casa, cuyo alcaide
fue el honor, cuyo presidio

fueron honrados respetos
por herencia bien nacidos,
por ignorancia engañados,
por confianzas perdidos,
cuando —iay, rigurosos cielos!—
Gonzalo Pizarro vino
a mi patria —de esta suerte
se llama quien causa ha sido
de desdichas incurables—
con galas ostentativo,
dadivoso con los pobres,
cortesano con los ricos.
Visitónos una vez,
doméstico por vecino,
discreto por estudiante,
conversable por amigo
y, puesto que en Salamanca,
repudió escuelas y libros
por plumas y espadas nobles,
engaños trujo consigo,
profesión de sus escuelas,
que, sirviéndole de hechizos,
vencieron descuidos castos,
desdichados por sencillos.
Vióle el alma por los ojos,
y éstos —como son ministros
de Amor— pintándole en ellos
hicieron tan bien su oficio,
que admitiendo los cohechos
de su talle —iay, Dios, mi hechizo!—
vendieron mi libertad,
ella simple, ellos Bellidos.
Conformidad de deseos,
correspondencia de signos,

igualdad florida de años,
comunicación de niños,
juntándose la ocasión
y añadiéndose artificios,
¿qué murallas combatieran
que les negasen portillos?
Obligáronme asistencias,
engañáronme suspiros,
inclináronme papeles
y dispusiéronme olvidos
de mi padre en darme estado,
que muchas veces ha sido
la tardanza en el remedio
de los descuidos castigo.
Solicitó a doña Juana
de Añasco, de quien es primo
y de quien sobrina soy,
bien que por grados distintos,
a que pidiese a mi padre
que al celebrar un bautismo
de quien madrina la hicieron,
gozase ratos festivos.
Concediólo, fui a su casa,
y en ella escondió al peligro
para asaltar inocencias
el interés persuasivo.
Halléme sola con él,
resistiéndose al principio
respetos de honor honestos,
pero venciéronse tibios
a hechiceras diligencias
y a juramentos fallidos
de honestar con yugo santo
amorosos descaminos.

Creíle —que no debiera—
y rendí a este engaño antiguo
prendas que por confiables
lloran después desperdicios.
Volví al paso que injuriada
amante, y llevé conmigo,
si no el arrepentimiento,
la pena de mi delito,
pues como el caballo griego
admitieron riesgos vivos
de mi vida mis entrañas
tiranizando su hospicio.
Creció el tumor con el tiempo,
y si bien el artificio
palió publicidades,
se acercara ejecutivo
el plazo de mis afrentas,
si el cielo, a un tiempo benigno
y riguroso, no fuera
cuando fiscal mi padrino.
Una noche que a mi hermana
rondaban intentos limpios
de quien agora es su dueño,
y entonces su amante digno
de recíprocos cuidados,
tu padre, que con indicios
celosos, mas no con causa
dio crédito a desvaríos,
y alentando desconciertos
le imaginó amante mío,
equivocando papeles
las desdichas con que lidio,
a mis puertas, en efecto,
sosegados sus vecinos,

añadió a palabras obras
que le dejaron herido,
y achacándome mudanzas
tomó de Italia el camino
fiando hazañoso en Marte
remedios contra Cupido.
Cenaba mi padre entonces,
y alborotado a los gritos
quedaban a sus umbrales,
si no el temor, los peligros,
abrió las puertas, y en ellas
riguroso y compasivo
conjeturaba la muerte
disfrazada en parasismos.
La vejez —que toda es honra,
y está toda discursivos
recelos— imaginó
si le hallaba en aquel sitio
la malicia de la plebe
riesgos de fama —que el vidrio
en manos del vulgo loco
amenaza precipicios—.
Mandó aderecer caballos
a un coche, y dentro de él hizo
que el casi cadáver metan,
y antes que el Sol diese aviso
de nocturnos desaciertos,
sin permitir prevenirnos,
a esta aldea nos traslada,
sacando yo por indicios
del caso y su condición
que intentaba vengativo,
por no oír deshonras muertas
sepultar temores vivos.

Buscaba para este efecto
cómplice que siendo amigo
secretos no profanase,
y mientras que toda arbitrios
discurría la venganza
el cómo, cercado vino
de riesgos y de dolores
el plazo, si antes temido,
ya en mi pena ejecutado,
amenazando castigos,
cunas que túmulos fuesen
mortal fin, vital principio.
Cobró la necesidad
Esfuerzo —¡qué mal que dijo
quien llamó al temor cobarde!
Mejor dijera atrevido—.
Mi padre fuera de casa,
y yo en riesgo tan preciso
salí, ahogando en el silencio
mil pregoneros gemidos,
al desierto por la huerta.
Abriórne el cielo un postigo.
La casa estaba en el campo,
como el sueño en el dominio
de las tinieblas piadosas.
Siendo esta noche propicios
montes, tinieblas, secretos
a desgracias sin registros;
naciste, en fin, en los brazos
de la Fortuna, y convino
fiarte de sus mudanzas,
permitiéndote a su arbitrio,
por no fiarte a tu abuelo,
y, envuelto entre los armiños

de un rebozo, que la noche
más que el discurso previno,
el cóncavo y duro tronco
de una encina fue, Francisco,
sucesor de mis entrañas,
puesto que áspero, benigno.
Dejéte cruel piadosa,
llorando tus desabrigos,
y apresurando los pasos
diligencias solicito
a que mi ausencia reparen;
y apenas de ti divido
los ojos —pero no el alma—
cuando en mitad del camino
dos hombres hallo. Fiéme
en su piedad —¿qué prodigios
en tu extraño nacimiento
no vencen los inauditos?—.
Con el socorro de un manto
cubierta al más viejo pido
que te ampare, disfrazando
verdades con dos sentidos.
Prosiguiéndolas estaba
cuando —escucha otro peligro—
conozco, casi mortal,
que es mi padre a quien las digo.
Turbóme el riesgo impensado
de suerte, que compasivo,
casa y amparo me ofrece
que yo agradezco y no admito.
Roguéle que me guardase
el tesoro que escondido
confiaba a su nobleza;
dile las señas del sitio,

y ausentándome animosa
hallé en casa regocijos
sucesores de mi llanto
que encubrieron mi retiro.
A don Álvaro en su acuerdo;
a su padre dando alivio
con su vida a sus pesares,
y a tu abuelo que contigo
en los brazos admirado,
tu hallazgo —nunca otro visto—
contaba tan amorosa
como si hubiera sabido
que sin riesgo de su fama
eras su nieto y mi hijo.
¡Disposición de los cielos,
que así eslabona prodigios!
Afirmónos que una cabra
te daba leche, y previno
pronósticos tal milagro
que en ti asombren este siglo.
Profetizaba ignorante
lo que fuiste, pues me dijo
que cual madre te criase.
Ya tú ves si lo he cumplido.
Doce años las esperanzas
de tu desagradecido
padre, que legitimarte
siendo mi esposo, no quiso,
entretuvieron deseos
que consolados contigo,
resistieron persuasiones
de quien con ruegos continuos,
con preceptos y obediencias,
siendo mi esposo, han podido

obligarme a nuevo imperio
por no ocasionar castigos.
Caséme, y volvió tu padre
cuando te imposibilita
a legitimar tu fama.
Mira si con razón digo
que a don Gonzalo le debes
más que a otro hombre, siendo su hijo,
y si hay a quien debes menos,
pues pudiendo, no ha querido
darte el blasón que te falta,
que yo a segundo dominio
sujeta, es fuerza olvidarte,
si en tanto amor cabe olvido.
Padre tienes generoso;
tu abuelo por mal sufrido
y travieso te aborrece;
acostumbrado a peligros
estás, no sabrás temerlos;
de portentosos principios
naciste, sigue su estrella,
y si los consejos míos
apruebas, pues que tu padre
fue tan severo contigo,
herédale en las hazañas,
serás hijo de ti mismo.

(Vase doña Beatriz.)

Pizarro   Madre, yo lo cumpliré
si el valor a que me inclino,
los presagios que me amparan,
las esperanzas que animo
no me salen mentirosas.

Yo, que repudiado he sido
de ti, cuyo honor no quiere
que me intitule tu hijo;
yo, que del ser que me han dado
los empeños desobligo,
pues avariento mi padre
ha injuriado este apellido,
hijo de ninguno soy;
no tengo padres, no admito
ascendientes que me agravien;
en mis obras legitimo
el nuevo ser que restauro,
las hazañas a que aspiro.
Deudor de mí mismo soy,
hijo seré de mí mismo.
Yo malograré mis años
—¡viven los cielos propicios!—
si a pesar de inconvenientes
medio mundo no conquisto.
No tendré nombre hasta entonces;
no sabrán de qué principios
procedo, no temeré
ejércitos de enemigos,
montes de dificultades,
naufragios jamás creídos,
desiertos nunca pisados,
arduos hasta el cielo riscos.
La media esfera que gozo
es medio mundo; así explico
el pronóstico, que en ella
todo un orbe ha dividido.
Yo he de dar desde hoy en esto,
o morir o conseguirlo.
Todo es dar en una cosa,

donde hay valor no hay peligro.

Fin de la jornada segunda

Jornada tercera

(Salen un Pagador y un Capitán.)

Pagador
                    ¡Plegue al cielo que estas paces
                    sean sin fin!

Capitán
                                        ¿Para qué?
                    Nunca cosas deseé
                    de nuestra vida incapaces.
                        Déles Dios paz a las monjas,
                    tenga paz el labrador,
                    paz pida un adulador
                    —que en la guerra no hay lisonjas—
                        paz el avaro, que encierra
                    usuras, paz el letrado,
                    paz el cura, y el soldado
                    tras una guerra otra guerra.
                        ¿Tenemos otro caudal?
                    Bien comeremos por vos,
                    Pagador, si os oye Dios.

Pagador
                    Son Castilla y Portugal
                        en la nobleza y hazañas
                    —puesto que competidoras
                    y de sus armas señoras—
                    honra de las dos Españas.
                        Mientras ellas entre sí
                    se destruyen, triunfa y crece
                    el moro y se ensoberbece
                    viéndonos andar así.
                        Quitemos a esta Granada
                    la corona que Ismael
                    la puso; doña Isabel

y Fernando —sosegada
   Castilla— pisen sus granos
y gocen de sus tesoros.
Conquistemos reinos moros
viviendo en paz los cristianos;
   que es afrenta que un rincón
que solo al alarbe queda
en tantos años no pueda
limpiarle nuestra nación.
   Barramos esta basura
que por setecientos años
a costa de tantos daños
y tantos peligros dura.

Capitán   Escobas tienen de fuego
                  nuestra Isabel y Fernando,
                  que ya el moro está temblando,
                  y a ver en su vega llego
                     malograrles su cosecha.

Pagador   Escoba es la Inquisición
                  —de estos reyes fundación—
                  que llamas toda, aprovecha
                     tanto contra la cizaña
                  que sembró la pravedad
                  blasfema.

Capitán   Con la Hermandad
                  e Inquisición vive España;
                     pero mientras que Fernando
                  tala al morisco su Vega
                  y el tiempo dichoso llega
                  que está el bautismo esperando
                     en que a pesar de andaluces

infieles su Alhambra vea,
si con lunas se platea,
que la eclipsan nuestras luces,
   decidme, pues lo sabéis,
de estas paces los contratos.

Pagador	Para nosotros baratos

si sus condiciones veis.
   Después que aquel gran Girón,
Maestre de Santiago,
venció la del Albufera
contra portugueses tantos
y las quiebras restauró,
celebradas por milagro,
que llaman de Aljubarrota
por romper los castellanos;
la infanta doña Beatriz,
que viva nestoreos años
y es tía de nuestra reina,
duquesa del noble estado
que se intitula Viseo,
suegra de don Juan el Sabio,
Príncipe de Portugal
y del mundo espejo raro;
deseosa de que vuelva
a España el siglo dorado
que Marte convirtió en hierro,
las puertas abriendo a Jano,
para atajar competencias
tomó prudente la mano
en apaciguar naciones
de dos reinos casi hermanos,
y convidando a los nuestros
el Católico Fernando

que del solio aragonés
iba, a pesar del navarro
a tomar la posesión
por muerte de aquel anciano,
asombro de la milicia
que dio laurel a sus años
—el segundo rey don Juan
de Aragón, digo— el cuidado
de estas paces remitió
a nuestra Isabel, espanto
de los vivos, Sol hermoso
cuyos generosos rayos,
como dan luz a los buenos,
ciegan y abrasan los malos.
Concertáronse, pues, vistas
sobre la Puente de Tajo
en Alcántara, que es linde
de los dos reinos contrarios,
que dichosas concluyeron
a los postreros del marzo
presente, que es el de mil
cuatrocientos y ochenta años,
y fueron las condiciones
principales, que quitando
el rey don Alfonso el quinto
los leones cuarteados
y castillos de su escudo
no se llame el lusitano
rey, desde hoy, de Castilla,
como por el mismo caso
ni los nuestros se intitulen
de Portugal reyes, dando
por ningunos los derechos.
Ítem, que ofrezca la mano

doña Juana, la pretensa
princesa, la que llamaron
Beltraneja maliciosos,
y de don Enrique el cuarto
heredera, confidentes
al nieto del rey, llamado
Alfonso, como el abuelo,
hijo de don Juan, quedando
de Portugal sucesores
después que falten entrambos.
Pero que si no quisiere
pasar por estos contratos
el niño infante después
que llegue a perfectos años,
la portuguesa corona
dé luego cien mil cruzados
a doña Juana, la cual
pueda, si gusta, entretanto
en un monasterio ilustre
dar al mundo desengaños,
envidia a sus enemigos
y a sus pesares descanso.
Que a rebeldes de Castilla
se les cierre puerta y paso
para ampararse en su reino
contra el nuestro conspirando;
y que toda la conquista
que margena el Océano
por las africanas costas
quede eternamente a cargo
de las quinas portuguesas,
sin que por sucesos varios
que intente el tiempo, Castilla
tenga derecho a estorbarlo.

Que queden como en rehenes
hasta cumplirse estos tratos
en poder de la duquesa
de Viseo, por un año,
en el castillo de Mora
el niño Alfonso, al regalo
fiándole de su tía
y el clavel del mejor mayo
que vio la naturaleza
—la Infanta digo, retrato
en la hermosura y el nombre
de nuestra reina— con tanto
que el portugués deje libres
los pueblos que en los asaltos
de esta guerra nos usurpa,
y nos entregue otros cuatro
de los suyos por seis meses.
Uno ha que se publicaron
en las dos cortes, haciendo
universalmente aplauso
lo plebeyo y generoso
de ambas coronas, trocando
en regocijos y fiestas,
muertes, peligros y agravios.
Ya a sus reyes reducida
la condesa, aquel gallardo
espíritu belicoso,
digno de inmortales lauros,
de doña Beatriz Pacheco,
que en Medellín sus vasallos
por Semíramis pretenden
dedicarla simulacros,
olvidadas competencias,
besa pies y la honran brazos;

y el Clavero, don Alonso,
de Alcántara, ya del bando
donde la lealtad le alista,
muestra que si fue Alejandro
en hazañas, ya es Monroy,
blasón generoso y claro.
Ya el gran marqués de Villena
con el valiente Primado,
Pacheco uno, otro Carrillo
enojos reales templaron.
Todo es paz, todo sosiego.
Permitan los cielos santos
que lo que las discusiones
hasta este tiempo turbaron
lo restaure la concordia
y que contra el africano,
reliquias del vil profeta,
esfuerzo y armas juntando,
a nuestra ley reducida
trueque Granada los granos
en diamantes por rubíes
que Isabel goce y Fernando.

(Sale Robledo, soldado.)

Robledo   Ya puede vuestra venganza
gozar, señor pagador,
si es el vengarse valor,
esta noche su venganza.
    El capitán don Gonzalo
Pizarro asiste en Trujillo.
Alcaide es de su castillo,
las armas son su regalo;
    mas como este reino goza

de paz, amor más humano
quiere que le dé la mano
doña Beatriz de Mendoza
    y en ella el logro mayor
que el dios desnudo reparte,
que lo que no premia Marte
toma por su cuenta Amor.
    En fin, se casa con ella,
y esta noche son las bodas;
júntanse las damas todas
trujillanas, y es tan bella
    la novia, que se recrea
Amor de verse español,
y la que en ausencia es Sol
parece a su lado fea.
    Descuidado de enemigos
y todo festivo está;
si pena al agravio os da,
la noche ofrece castigos.
    Aprovechadlos agora
y vengad a vuestro hermano.

Pagador   Antes que la dé la mano,
contra mi sangre agresora,
    se la he de colgar al cuello.
En esta ocasión mostrad,
capitán, vuestra amistad,
que el fugitivo cabello
    nos ofrece la Ocasión
quince años ha deseada,
y sola esta noche hallada.
En Salamanca, en razón
    de una cátedra que había
llevado un deudo, salió

con otros y me mató
un hermano que tenía,
  el más lucido letrado
que aquel concurso estimaba.
Yo era entonces quien privaba
con Enrique, que vengado
  quiso verme, en tanto extremo,
que, despachando contra él
un juez severo y cruel,
dio los cómplices al remo;
  pero huyendo el agresor
por excusar la justicia,
se valió de la milicia
que a perdidos da favor.
  En ella, en efecto, ha sido
tan dichoso que alcanzara
si yo no se lo estorbara,
premios que otros han tenido
  con menos méritos que él;
porque como sucedí
en el favor que adquirí
con Fernando e Isabel,
  persiguiéndole hasta agora
no le he dejado medrar;
si bien no pude estorbar
que cuando venció en Zamora
  nuestro campo al portugués
sus hazañas no alcanzasen
que capitán le nombrasen
los reyes, y que después
  trocase la compañía
de infantes en hombres de armas.
Vence la envidia a las armas.
Creció en su valor la mía.

Diversas veces coheché
soldados que le matasen,
delitos que le imputasen,
y con el rey procuré
    desacreditar su fama,
mas sacóle vencedor
mi desdicha y su valor,
que en las tinieblas la llama
    luce más, y los engaños
si aprietan, no prevalecen.
Beber su sangre apetecen
mis agravios ya ha quince años;
    si esta vez no lo consiguen
morirán desesperados.

Capitán   Aconsejar agraviados
que más sus pasiones siguen
    que la razón, es gastar
persuasiones sin provecho.
De mi amistad satisfecho
podéis, pagador, estar,
    pues la guerra concluida
y fiándoos el caudal
el rey de su hacienda real,
depende de vos mi vida,
    como de quien socorrerme
puede en mis necesidades.

Pagador   Conformemos voluntades.
Si Alejandro queréis verme
    vengadme vos y seréis
dueño de cuanto poseo.
Segura la ocasión veo;
si ejecutarla queréis

dos leguas dista de aquí
Trujillo y el Sol se ausenta.
Mi enemigo solo intenta,
descuidándose de mí,
    trocar el acero en galas.
En llanto sus bodas trueque,
porque su esperanza seque
el pésame de dos balas.
    Sabremos cual es la casa
donde se ha de desposar;
enviarémosle a llamar,
y entre la gente que pasa
    a tener parte en la fiesta
encubriéndonos mejor,
sin saberse el agresor
podrán llorarla funesta.
        ¿Qué decís?

Capitán   Que hay paces digo
y que con ellas no hay paga;
que vuestro gusto se haga,
porque vuestra mesa sigo.
    Trazad, y pondré en efecto
cualquiera orden que me deis.

Pagador   Como a mi hermano venguéis
mil escudos os prometo.

(Vanse el Pagador y el Capitán. Salen Carrizo y Pulida.)

Carrizo   Ya por hoy no iré al molino.

Pulida   Hannos en la Zarza echado
tanto del roto soldado,

que el diabro con ellos vino.
  ¿Mas que nos queda el corral
con el gallo soldemente?

Carrizo
Por bien se lleva esta gente,
Polida, que no por mal.
  Un día es, y éste se pasa
como quiera. ¿Tenéis olla?

Pulida
De macho con su cebolla;
tocino y pan hay en casa;
  ¿Mas vino y las gollorías
que piden?

Carrizo
                Pan y manteles
nos obrigan.

Pulida
                  Son crueles,
y más los de aquestos días,
  que vienen mal avezados
de la guerra que han tuvido
en Portugal.

Carrizo
                  Despedido
los han, y ya van pagados.
  El soldado que os copiere
recebidle con amor,
que por mal es lo peor.

Pulida
Mientras aquí no estoviere
  don Álvaro, que a Trujillo
a unas bodas se hué ayer,
así lo habemos de her,
que si no pan y cochillo

—y aun eso de mala gana—
les diera.

Carrizo   Llevóse ya
Dios al viejo.

Pulida   A estar acá,
la Zarza quedara sana
   de estos lobos que el pellejo
nos quitan. ¡Malditas piezas!

Carrizo   Sí, don Francisco Cabezas
hué bravo hombre.

Pulida   ¡Lindo viejo!

Carrizo   Mas don Álvaro Durán
no le va, aunque mozo, en zaga.

Pulida   Carrizo, no sé que me haga.
Habrar quiero al capitán,
   y dolereráse de mí
quizaves.

Carrizo   ¡Bonicos son!
Dadlos a la maldición,
que en viéndoos, Polida, así,
   con aquesa catadura,
temo...

Pulida   ¿Qué teméis?

Carrizo   ¡Pardiós!
que vais una y volvéis dos.

Yo os digo la verdad pura;
   dad al huésped buen despacho,
que más vale, si se atreve,
que doce pollos nos lleve
que no que os deje un mochacho.
   Mas el alcalde es mi amigo;
yo le vo al concejo a habrar,
que si se deja rogar
y mi pobreza le digo,
   por ocho o por doce reales
de este trabajo saldremos.

Pulida   Carrizo ¿y do los tenemos?

Carrizo   Vendo un buey y excuso males;
   que hay soldado —si le cuadra
la posada que le dan—
que convida al capitán
y con él toda una escuadra,
   y por heros más merced,
mostrando que es dadivoso,
dando tras roso y velloso
no deja estaca en pared.
   Porque esto no nos suceda
voilo a concertar, Polida.

(Vase Carrizo.)

Pulida   Pues venga y vino me pida,
que a fe —si en mi casa queda
   y no es comedido el mozo—
porque cene con regalo,
que le he de dar pan de palo
y a beber agua del pozo.

(Sale Quirós, soldado, muy roto, y con frascos y cuerda en la cinta.)

Quirós   Me racomando, patrona.

Pulida   No entiendo latín, soldado.

Quirós   Esta boleta me han dado
                para aquí.

Pulida   De su persona
                cuidaremos.

Quirós   ¿Qué hay de cena?

Pulida   macho, cecina, y tocino
                tién la olla.

Quirós   ¿No hay gallina?

Pulida   Para soldados no es buena,
                    que engendra sangre cobarde.

Quirós   Aves come el que es guerrero,
                y las plumas del sombrero
                harán de mi esfuerzo alarde.
                    Yo de noche no como olla,
                que el soldado no es gañán.
                ¿Hay pollas?

Pulida   No faltarán.

Quirós   Jugaremos a la polla.
                    ¿Qué principio y postre espero?

Pulida	Principios, señor soldado,
	son acá el primer bocado.
Quirós	¿Y los postres?
Pulida	El postrero.
Quirós	Pues yo empiezo en ensalada,
	y remato en aceitunas.
Pulida	De encina mos traen algunas,
	que es comida regalada.
Quirós	¡Pesar de quien la parió!
	¿Bellotas ha de comer
	un soldado?
Pulida	¿Pues qué ha de her?
Quirós	¿Soy hijo pródigo yo?
Pulida	Parécelo en los retazos.
Quirós	Poquito a poco, monsiura.
	¿qué cama habrá?
Pulida	Algo dura.
Quirós	Pues yo vengo hecho pedazos.
Pulida	Ya lo veo. Hay cabezales,
	en somo de aquel escaño.

Quirós	¿Sin sábanas?
Pulida	Hacen daño.
Quirós	¿Y qué mantas?
Pulida	Dos costales.
Quirós	¡Cuerpo de Cristo con ella!
Pulida	Quien da lo que tién, ¿qué debe?
Quirós	¿Y aquí qué vino se bebe?
Pulida	Del pozo.
Quirós	Bébalo ella y reviente, porque yo esta noche he de cenar borrajas al empezar.
Pulida	Borrachas cuidaba yo.
Quirós	Y tras ellas su jigote.
Pulida	¿Mi gi... qué? ¿qué es si lo sabe?
Quirós	De ternera, si no es de ave.
Pulida	¿Gigorro?
Quirós	O pastel en bote.
Pulida	Ni yo girrote sé her,

ni pastel he visto en bota.

Quirós   De lo caro una candiota.

Pulida   Candi... hay que empieza a arder.

Quirós   Y levantada la mesa.
en cama mullida y blanda
colcha y sábanas de Holanda.

Pulida   Ya tomara estopa gruesa.

Quirós   Y por si me hiciere mal,
con esas dos manos tiernas
ha de traerme las piernas.

Pulida   Si las deja en el corral.

Quirós   Podrá ser que así me obligue
a que soplando el candil
la dé mi cuerpo gentil
con lo demás que se sigue.

Pulida   Pues si con lo que le dan
en casa no se contenta,
y sin naranja y pimienta
no come cecina y pan,
   antes que salte las bardas,
que no están bajas a fe
porque duerma le traeré
las piernas con unas cardas;
   y si en su tema prosigue,
le mediremos dos trancas,
desde el cogote a las ancas,

124

con lo demás que se sigue.

Quirós   Pues yo la voto...

Pulida   No bote.

Quirós   A Cristo, que ha de llevar
                  esta noche que rascar
                  la pápara a puro azote.
                        Ponga las manos en cruz.

(Quiere atarla con la cuerda.)

Pulida   ¿Para?

Quirós   Cruce los dos brazos,
                  sabrá qué son latigazos
                  de una mecha de arcabuz.

(Grita.)

Pulida   ¡Aquí de Dios y del reye!
                  ¿No hay josticia?

(Dala una coz.)

Quirós   Menos voces.

Pulida   ¡Despinfarrado! ¿De coces
                  vos a mí? ¿No hay Dios? ¿No hay leye?

(Salen dos soldados y Carrizo.)

Soldado I   O rescatar la posada

	con cien reales, o pasar
	crujía, y sin replicar.

Carrizo   ¿Con cien reales? ¡Mas nonada!

Soldado II   Cabales.

Carrizo   Menos los ceros.
Diez les iba yo juntando.

Pulida   ¡Ay Carrizo! Aquí andan dando.

Soldado I   ¡Ea, ponédmele en cueros,
veréis la tunda que lleva.

Quirós   Desnúdese ella también.

Carrizo   ¿Ambos desnudos? ¿No ven
que ya pasó Adán y Esgueva?

(Sale Pizarro, muy galán, con mucha pluma y un venablo.)

Pizarro   ¿Qué esto?

Pulida   ¡Ay, Francisco mío!
¿Tú en la Zarza y yo en trabajos?
Este muladar de andrajos
con mujeres tiene brío;
que a nacerme aquí unas pocas
yo les juro a non de Dios...

Carrizo   Francisco, doleos de nos.

Pizarro   ¿Soldados contra unas tocas

126

	en vez de darlas socorro,
	y hombres os osáis llamar?
Carrizo	Me quieren desatacar.
Pulida	Me piden carne en gigorro.
Pizarro	Quitaos las torpes espadas,
	quitáoslas, o ¡vive Dios!...
Soldado I	Señor alférez, los dos
	somos...
Pizarro	¿Qué dos o qué nadas?
	Acabemos, desceñidlas,
	y en su lugar os poned
	dos ruecas.
Soldado	Vuesa merced
	nos trate bien.
Pizarro	Redimidlas
	la vejación en que están
	corridas a vuestros lados.
	Pícaros sois, no soldados.
	Bien los campos labrarán
	los míseros labradores
	si las manos les tenéis
	atadas. ¿Pretenderéis
	por esta hazaña favores
	en el consejo de guerra?
	Presentad esos cordeles
	cuando aleguéis por papeles
	que defendisteis la tierra.

¿Adónde está el capitán?

Quirós   A Trujillo fue esta tarde.

Pizarro   Quitá la espada, cobarde,
que pues sus veces me dan
  y soy su alférez, agora
sabré si conforme a ley...

Soldado I   Mire...

Pizarro   ¡Por vida del rey
y la reina, mi señora,
  infames, que la bandera
me fió, si no os quitáis
las espadas que afrentáis
—mejor una caña fuera—
  que os cosa con el venablo!

Carrizo   Polida, ¿qué decís de esto?
....................[-esto].

Pulida   Es un dimuño.

Carrizo   Es un diabro.

Pizarro   Llamadme a los labradores.

(Vase Carrizo.)

Soldado II   Vuesa merced considere
que es muy mozo, y que si quiere
con desprecios y rigores
  poner su enojo en efeto,

aunque nuestro alférez sea,
tiene poca barba, y crea
que a no guardarle el respeto
  que pide el cargo...

Pizarro   ¡Cobarde!
Mi bandera y preeminencia
no la adquirí por herencia,
ni las barbas son alarde
  del valor que al noble anima,
sino el espíritu honrado
que en el alma vinculado
los peligros desestima;
  que a ser así, aunque parezca
que en ellas le puso Dios,
barbas os sobran a vos
para una guarda tudesca.
  La reina, nuestra señora,
me dio el cargo que consigo,
siendo ella misma testigo
en el cerco de Zamora,
  que mi capitán rendido
y perdida su bandera,
paje de jineta era,
pero aunque paje, atrevido,
  no con mujeres, cual vos,
pues fiado en la Fortuna
volví, si perdimos una,
a su presencia con dos.
  Alférez entonces me hizo
sin suplicárselo yo;
la bandera que me dio
de trece años la autorizo.
  Y porque sepáis si en mí

las barbas son menosprecio,
agora veréis cuán necio
fuisteis en hablarme así.
    Desceñíos esa espada
antes que enojos provoque
y fruta de un alcornoque
os haga mal sazonada.
    ¡Presto!

Soldado I   Por mi superior
os obedezco.

(Quítanselas.)

Pizarro   ¿Qué aguardan
los dos?

Soldado II   Ya vamos.

Pizarro   Ya tardan.
    ¡Hola, Carrizo!

(Salen Carrizo y otros.)

Carrizo   Señor,
    aquí todo el puebro está.

(Pizarro señalando a Quirós.)

Pizarro   Éste, con vuestra mujer
    valiente, en vuestro poder
    para ejemplo quedará
        de infame, con condición
    que esté en la plaza colgado

hasta mañana.

Quirós   ¿Yo ahorcado?

Pizarro   No, que os tengo compasión.
                    De los hombros solamente,
                 mas sin que os quiten la vida,
                 con una rueca ceñida
                 regocijaréis la gente.

Carrizo   ¿Y estotros dos?

Pizarro   Castigadlos.
                 Déles cada labrador
                 catorce azotes.

Soldado I   Señor,
                 mira que somos...

Pizarro   Llevadlos.

Soldado II   No faltará quien dé cuenta
                 a los reyes de este agravio.

Pizarro   Ella es santa y él es sabio.
                 Yo les diré vuestra afrenta,
                    podrá ser que se mitigue.

Pulida   Venga a la praza el modorro,
                 porque le demos gigorro
                 con lo demás que se sigue.

Crespo   ¡Burlaos con el Francisquillo!

Carrizo	Azotaina ha de haber hoy.
Pizarro	A ver a la reina voy, que entra esta noche en Trujillo.

(Vase Pizarro.)

Pulida	Soldado, esas piernas bellas, después que colgado esté —¿oye?— no se las traeré, pero tiraréle de ellas.
Soldado I	¡Que a esto un rapaz nos obligue!
Pulida	Y a esotros dos marquesotes a cada catorce azotes, con lo demás que se sigue.

(Vanse todos. Sale el Pagador, el Capitán, con un arcabuz y Robledo.)

Pagador	Mejor lo habemos trazado de esta suerte.
Capitán	En la ciudad nos pusieran en cuidado; que en tanta publicidad y con tanto deudo lado, aunque es de noche, no fuera posible no conocernos. Aguardándole aquí fuera si él viene antes de ofendernos la justicia cuando muera, es fácil el retirarnos sin que se sepa el autor

de su muerte.

Pagador   Por vengarnos
menospreciaré el favor
de los reyes.

Capitán   Ocultarnos
con las tinieblas podemos,
después que muerte le demos,
quedando en pie tu privanza.

Pagador   Cumpla yo con mi venganza,
que después nos libraremos.
En fin, ¿dijo que saldría
a este sitio?

Robledo   Prometiólo,
y con mucha cortesía;
puesto que no estaba solo,
y que entonces le asistía
de Trujillo la nobleza,
por asegurarlos dijo:
«Trátame con aspereza
esta dama, y es prolijo
amor si temoso empieza.
Yo acabo de desposarme,
y es bien desembarazarme
de cosas que la han de dar
a doña Beatriz pesar.
Pero, pues, envía a llamarme,
dígala, hidalgo, que luego
voy al sitio señalado;
que le apreste mientras llego,
y tome por el cuidado

esta sortija.»

Pagador   ¡Sosiego
                    notable!

Capitán   ¿No se turbó?

Robledo   ¿Turbar? antes se rió
                mientras el papel leía.

Pagador   Más de su esfuerzo se fía
                que de mi venganza yo.
                    Pero cumpla él su promesa
                verá presto el desengaño.

(Salen don Gonzalo, como de noche.)

Gonzalo   A algún celoso le pesa
                de mis bodas, y en su daño
                quiere turbarme esta empresa.
                    Sin firma vino el papel,
                como yo sin compañía.
                Amor celoso es cruel.

(Sale Pizarro.)

Pizarro   Tarde, diligencia mía,
                venís; honra, no sois fiel
                    si os perdéis por perezosa
                y mi padre se desposa
                sin impedírselo yo.

Capitán   Éste es, ¿tiraréle?

Pagador	No;
	tened, que en acción dudosa
	  me pesará que matemos
	otro en vez del que buscamos,
	pues si esta ocasión perdemos,
	sin esperanza quedamos
	de que despúes nos venguemos.
	  Sepamos quién es primero.

Capitán	Llegad, que yo aguardo aquí,
(A Pizarro.)	
Pagador	Si sois don Gonzalo espero saber.
Gonzalo	Pronunciar oí mi nombre; acercarme quiero.
Pizarro (Isabel.)	(¿Don Gonzalo? Así se llama quien me ha dado el ser que tengo. Si alguno que le desama le intenta ofender, yo vengo a acreditar más su fama.) Mi nombre es Gonzalo.
Gonzalo (Isabel.)	(¿Cómo?)
Pagador	¿Gonzalo Pizarro?
Pizarro	Pues, con ese apellido domo cobardes.

(Al Capitán.)

Pagador
                          Amigo, él es;
              vengue mi agravio tu plomo.
                  Dispárale.

Capitán
                          No dio fuego.

Gonzalo
              ¡Oh, villanos! la traición
              que en vosotros a ver llego;
              con noble satisfacción
              dará a mi enojo sosiego.
                  Yo soy Gonzalo Pizarro.
              ¡A ellos, joven gallardo!

Pagador
              Tres somos, mueran los dos.

(Riñen.)

Pizarro
              ¡Ojalá os hiciera Dios
              tres mil!

Robledo
                      Esta cuesta aguardo.
                  Vida, bajaos a los pies,
              y ellos os libren de mal.

(Huye Robledo.)

Gonzalo
              ¿Contra uno, y salís tres?

Pagador
              Al pagador general
              matáis. Sosegaos.

Gonzalo
                              Después,

	que agora es razón —si ha sido
	pagador— que las traiciones
	pagues que me han perseguido.

Pizarro	¡Cuchilladas, no razones!
	¡Cuerpo de Dios! Ya he tendido
	al uno. Esotro que queda
	porque escaparse no pueda
	desjarretarle es mejor.

(Huye el Capitán.)

Gonzalo	A traidores, pagador,
	se paga de esta manera.
	¿Huís? no me maravillo.

Pagador	¡Muerto soy! ¡Favor al rey!
	Alguaciles de Trujillo,
	¡justicia! ¿no hay Dios? ¿no hay ley?

(Huye el Pagador.)

Gonzalo	Hay valor, que es tu cuchillo.

Pizarro	No los sigáis caballero,
	que tengo que hablar con vos.

Gonzalo	Obligado a vuestro acero
	confieso que os trujo Dios
	en mi socorro; no quiero
	más dicha ya que saber
	quién sois y luego serviros.

Pizarro	Admitiéralo, a no ser

ingrato vos a suspiros
de alguna ilustre mujer,
    que perdió por olvidada
lo que os fió por querida,
y en mí dejó vinculada
la venganza de ofendida,
si no de menospreciada

Gonzalo   No os entiendo.

Pizarro   Yo lo creo;
que el no entender ya es en vos
mal viejo, común empleo
de quien sin mirar que hay Dios
se sujeta a su deseo.
    ¿Habéis dado ya la mano
al nuevo dueño que amáis,
o queréis que llore en vano
palabras que la empeñáis
en fe de un amor liviano?
    ¿Iréisos a Italia ya
para que no legitime
la sucesión que os dará,
y burlada se lastime,
pues por vos sin honra está?

Gonzalo   Encubierto defensor,
que enigmas multiplicando,
me injuriáis y dais favor,
a un tiempo estáis engendrando
ira en mi pecho y amor.
    Si a darme ayuda venís,
¿por qué agraviar me queréis?
¿Con la noche os encubrís?

¿Injuriador socorréis
y amigable perseguís?

Pizarro   Porque a imitaros me atrevo,
enemigo bienhechor,
ejecutando a quien debo
el bien y el daño mayor
que tiene el mundo.

Gonzalo   Mancebo;
según el modo de hablar,
si no sois el que colijo,
sin seso debéis de estar.
¿Sois vos hijo...?

Pizarro   Yo soy hijo,
sin padres, de un encinar.

Gonzalo   ¡Ay, cielos! ¿Doña Beatriz
Cabezas es vuestra madre?

Pizarro   Fueralo, a ser tan feliz,
que a su tálamo mi padre
sujetara la cerviz.
   Mas no lo soy —agraviadas
prendas por vos infelices—
viéndoos, pues quedan burladas,
dichoso con las Beatrices,
y ellas con vos desdichadas.

Gonzalo   Hijo, a quien el alma adora,
cesen enojos, que llora
de contento el alma.

Pizarro   ¿Está
                    con vos desposada ya
                    esotra Beatriz?

Gonzalo   No ha una hora
                    que por dueño la admití,
                    pues teniéndole tu madre
                    ya su esperanza perdí.

Pizarro   Pues, padre, no sois mi padre.
                    Teneos allá.

Gonzalo   Vuelve en ti.

Pizarro   Volviérades por mí vos,
                    cuando de una encina fruto,
                    ingrato a mi madre, a Dios,
                    y alimentándome un bruto
                    les debo más que a los dos.
                        Volviérades por mi fama;
                    pues el más tosco pastor
                    padre legítimo llama
                    al suyo, y vuestro rigor
                    cuando me engendra, me infama.
                        Tendréis hijos que posean
                    el título que no aguardo,
                    y menores que yo sean,
                    porque me llamen bastardo
                    cuando su hermano me vean.
                        ¡Ah, cielos! y quién pudiera
                    dispensar obligaciones,
                    y la mayor no os tuviera,
                    porque a vuestras sin razones
                    fin con mis desdichas diera.

140

Juntó amor en un sujeto
dos contrarios sin ser sabio.
¡Triste de mí! Que en efecto
si intento vengar mi agravio,
pierdo a mi padre el respeto.

Extrañas contradicciones
mezclándose me persiguen.
¡Posibles persecuciones
que a un mismo tiempo me obliguen
agravios y obligaciones!

¡Vive Dios que no ha de verme
más la luz de aqueste mundo,
ni España en él conocerme,
mientras que en otro segundo
de vos pudiere esconderme!

Ya hay quien ofrece a Fernando
de otro Orbe el descubrimiento,
que en mí esperanza criando
mejore mi nacimiento,
mi suerte legitimando.

Yo, ingrato padre, a pesar
de vuestro poco cuidado,
tanta agua pienso pasar
que en ella mi honor manchado
pueda mi esfuerzo lavar.

Yo malograré mis años,
y huyendo vuestros engaños
vencedor de un medio mundo,
lince del polo segundo
pisaré climas extraños.

Yo, si llegare a tener
hermanos, con más valor
que ellos he de pretender
que me veneren señor,

llegándome a obedecer.
  Suplirá la fortaleza
faltas de naturaleza
y de vos desobligado
seré, por mí reengendrado,
el fénix de mi nobleza.
  Juzgaréisme, claro está,
por loco, mas mi animosa
inclinación mostrará;
que en dando yo en una cosa
salgo con ella.

Voz (Dentro.)   Tendrá
  el castigo que merece
quien dio muerte al pagador.

Otro   Aquí están los dos.

Pizarro   Parece
que se convoca al furor
popular, y que apetece
  prendernos.

Gonzalo   El retirarnos
juzgo ahora por cordura.

Pizarro   El valor baste a animarnos;
no hay valiente sin locura,
vileza es dejar cercarnos.
  ¡A ellos cuerpo de Dios!
Pues vamos juntos los dos.

Gonzalo   ¡Oh, hijo, César segundo!

Pizarro   Mientras no gano otro mundo
                    no os tengo por padre a vos.

(Vanse los dos. Suenan cajas y salen soldados. Detrás la Reina Isabel, y sale
también Hernando Cortés.)

Reina   Vuélvase a alistar la gente
                    que de la guerra pasada
                    se despidió. Esta Granada
                    nuestra armas acreciente.
                        El rey, mi señor, su empresa
                    pretende, y sobre ella está.
                    Sirva esta Granada ya
                    para postres de mi mesa.
                        Contra el hereje fundé
                    la divina Inquisición,
                    la Hermandad contra el ladrón,
                    los judíos desterré.
                        Vuelva la fe a su decoro,
                    y en tan sagrada conquista
                    quien desterró al Talmudista
                    destierre también al moro.
                        La fe del bautismo dé
                    a España su integridad;
                    fundaréla una ciudad
                    que se llame Santa Fe.
                        No quede en Extremadura
                    quien no logre allí su fama,
                    ganó mi esposo al Alhama,
                    a Baza cercar procura.
                        Yo he de asistir en persona
                    hasta ver esta Granada
                    que de cruces coronada
                    es timbre de mi corona.

¡Al arma, pues, extremeños!

Cortés

Si tal valor nos anima,
si a sus reyes dan estima
virtudes de tales dueños,
　¿qué mucho, vos su caudillo,
que muestre el valor que cobra?
Animándonos vos, sobra
para Granada Trujillo.
　Presto os llamarán monarca
sus blasfemos aduares.

Soldado I

Alegres cuantos lugares
abarca nuestra comarca,
　señora, con celo fiel
os salen a festejar
venturosos por gozar
siglos de tal Isabel.

(Salen Crespo, Bertol, Carrizo, Pulida y labradores, cantando.)

　«Por esta calle que voy,
por estotra doy la vuelta,
no hay zagala que tenga la cara
tan hermosa como la reina.»

Uno

　«En ella vive un Abril
con todas sus zarandajas,
no es cara a lumbre de pajas,
sino del Mayo gentil;
sus ojos son toronjil,
sus pechos blancas cebollas,
sus manos bollos o bollas,
nieve y manteca revuelta

144

en darme muerte resuelta
cuando enamorado estoy.»

Todos   «Por esta calle que voy,
por estotra doy la vuelta,
no hay zagala que tenga la cara
tan hermosa como la reina.»

Pulida   A fe de Dios que no hay natas
que igualen su catadura.
Bendiga Dios su hermosura
y deme a besar las patas.

Reina   Seáis, serrana, bien venida
por lo pulido que habláis.

Pulida   ¡Oh! si el nombre me acertáis
ya sabréis que só Polida.
       Escúcheme su aspereza.

(A Pulida.)

Carrizo   Su Alteza, necia, la di.

Pulida   Su Alteza necia, que aquí,
digo en la Zarza.

Carrizo (Isabel.)   (¡Ya empieza!)

Pulida   Vino... en lo que toca al vino
que el soldado mos pidió
rape el diabro el que quedó;
pero sobrando el tocino.
      ¿No bondaba? Dígalo ella.

Salga esta vez todo el corro,
y como pidió gigorro,
así yo huera doncella
    pasara, mas con marido
¿no es pecado que pidiese
que las piernas le trojese?
Aun si se le hubieran ido,
    ¡vaya! Mas, señora mía,
así nos alumbre Dios,
que una y otra, ambas a dos
consigo se las traía.

Reina (Isabel.)   Yo lo creo. (¿Hay tal simpleza?)

Pulida   Como no pude sofrillo,
¿conoce ella a Francisquillo,
aquél que hizo su torpeza
    alfiler el otro día?
Tamaño se echó de ver
que alfiler había de ser,
porque tuvo alferecía.
    Daba en que me había de atar
las manos, y bien ¿y qué hizo?
así, también a Carrizo
mandaron desatacar.
    Pues Francisco en mi socorro
los espetos les quitó,
por los sobacos colgó
en la praza al de gigorro,
    y a los dos de los bigotes,
porque cenasen mejor
mandó a cada labrador
pegarles catorce azotes.
    Quedaron hechos tasajos,

y al colgado —aunque eran tiernas—
héndole a traer las piernas
le tiré de los zancajos.
    Dicen agora malas lenguas
que al mi Francisquillo vienen
a acusar. La culpa tienen
ellos; pásense sus menguas
    y esta gente se castigue,
que en labradoras se envicia.
Pido costas y justicia,
con lo demás que se sigue.

Reina   Al que a vos mal os hiciere
            tendré yo por enemigo.
            Muy justo fue ese castigo.

Pulida   Sí, señora, que no quiere
                si quitarmos esta gente
            los pellejos.

Reina   Yo lo creo.

Pulida   ¿Mos perdona?

Reina   Sí.

Pulida   Deseo
            por el servicio presente
                ella mercé.

Reina   Guárdeos Dios.
            Gusto me ha dado infinito.

Pulida   ¿Y perdona a Francisquito?

Reina	Yo le perdono por vos.

(Sale Robledo.)

Robledo	Al pagador general,
	señora, han muerto a traición.

Reina	¿Qué decís?

Robledo	Sin ocasión
	a tanto delito igual,
	el capitán don Gonzalo
	Pizarro a matarle vino
	de noche y en el camino
	de esta ciudad.

Carrizo	¡Malo!

Pulida	¡Malo!

Reina	¿Don Gonzalo? Dudo yo
	que sin causa se atreviese
	a cosa que desdijese
	de la sangre que heredó,
	que es tan fiel como animoso.

Robledo	Los testigos lo dirán.
	Dio muerte a su capitán
	un alférez revoltoso
	que con don Gonzalo fue,
	a quien vuestra alteza ha honrado
	sin haber sido soldado,
	ni aun tener barbas.

148

Reina	¿Quién fue?
Robledo	El que porque a un labrador cama y posada pedía, que por suerte le cabía, un soldado de valor le hizo colgar en la plaza, y a otros mandó azotar.
Carrizo	Quísomos desacatar. Mire su merced que traza de honrados.
Reina	¿Tenéislos presos?
Robledo	Hanse los dos resistido a la justicia.
Reina	Venido he yo a castigar excesos. Vaya mi guarda por ellos.
Carrizo	Peor, Pulida.
Pulida	Peor.
Reina	Si los hizo mi favor, también sabré deshacellos.

(Suenan cajas, y sale Pizarro con una bandera al hombro; a su lado don Gonzalo. Tiende en llegando la bandera a los pies de la Reina, e hincan las rodillas.)

Pizarro   Leal postro a vuestros pies
esta bandera, señora,
con que me honró vuestra alteza,
liberal con mi edad corta.
Quince años son los que tengo,
pero testigo es Zamora
de que muriendo mi alférez,
con una jineta sola,
insignia de quien serví,
entró nuestra escuadra rota,
por el campo portugués,
que cantaba la victoria,
volviendo con dos banderas,
sin que me sacasen gota
de sangre, que ésta se guarda
para hazañas más heroicas.
Castigué las demasías
de cobardes, que sin honra,
fugitivos en la guerra,
son presa de sus escoltas.
Ya os constarán sus insultos
y si no, esta labradora,
pues aquí la trajo el cielo,
los diga, que en esta historia
es la más interesada
por simple, no mentirosa.
Llegué de noche a Trujillo
a referir estas cosas
a vuestra alteza, y ya cerca
salen de entre peñas toscas
tres hombres a preguntarme
—adviértase el sitio y hora—
si don Gonzalo Pizarro
me llamo, que les importa.

Yo, que oigo nombrar mi padre,
receloso que alevosas
diligencias le persiguen,
mando al amor que responda
que sí; y apenas lo escuchan,
cuando con una pistola,
cómplice vil de su infamia,
venganzas torpes provocan.
No dio fuego el polvorín,
ni la sangre generosa
de mi padre, que allí estaba,
lugar a que se le acojan
los salteadores aleves,
pues quedaron por memoria
y escarmiento de la envidia
medrada con sus lisonjas.
El pagador general
es el uno, y vos, señora,
testigo de estratagemas
e invenciones cavilosas
con que persiguió a mi padre,
impidiéndole las glorias
de tanta hazaña sin premio.
¿La malicia qué no estorba?
El otro es mi capitán,
que escribió con tinta roja
la sentencia de su muerte
bien dada, aunque lastimosa.
Si por volver por mi padre
y castigar afrentosas
travesuras de perdidos,
vuestra majestad se enoja
y contra los dos se indigna,
sus plantas invictas ponga

sobre estas cabezas fieles,
premiaralas si las postra.

Reina   Tiene, alférez, la verdad
tanta fuerza, vencedora
de retóricas mentiras
con que invenciones adorna,
que fácil me persuadís;
y por lo que se aficiona
a vuestro valor el mío,
por vos la piedad abona.
Ya yo os tengo perdonado
el rigor con que me informan
que traviesos castigasteis
que su profesión desdoran.
La muerte del pagador
y el capitán insta agora,
por haber parte que pida
información más copiosa.
Averigüe yo haber sido
como decís, que patrona
vuestra, saldréis capitán,
puesto que de edad tan poca.
De la prisión que os señalo
a los dos, no os dé congoja,
que vuestras guardas serán
mis monteros de Espinosa.
Iréis sin armas con ellos,
y cerca de mi persona haré,
guardándoos justicia,
más alarde de piadosa.
El rey mi señor pretende,
eclipsando lunas moras,
presentarme una Granada

que blasfemos arrincona.
Allí veré de la suerte
que sirviendo, a mi corona
pagáis cargos con que os premio
y triunfáis de envidias locas.

Gonzalo   Viva más que tiene granos
esa Granada, señora,
siglos tanta discreción.

Pizarro   Semíramis española
os llame desde hoy Castilla
tanto mejor que la otra,
cuanto ejemplo de pureza
y virtud la fama os nombra.
Si otro orbe Colón descubre
en vuestras minas hermosas
os hago pleito homenaje
de no volver a las costas
de España mientras no os diere
más oro y plata, más joyas
que cuando dueño del mundo,
triunfó de sus partes Roma.
Cumplid, Hernando Cortés
presagios con que os pregonan
los cielos por igual mío;
haced vuestra fama heroica,
que si parece imposible
a la envidia que proponga
locuras en la apariencia
y de escucharlas se asombra,
en la comedia segunda
saldrá la verdad piadosa
que donde hay valor y dicha,

todo es dar en una cosa.

Fin de la jornada tercera

Libros a la carta

A la carta es un servicio especializado para
empresas,
librerías,
bibliotecas,
editoriales
y centros de enseñanza;
y permite confeccionar libros que, por su formato y concepción, sirven a los propósitos más específicos de estas instituciones.

Las empresas nos encargan ediciones personalizadas para marketing editorial o para regalos institucionales. Y los interesados solicitan, a título personal, ediciones antiguas, o no disponibles en el mercado; y las acompañan con notas y comentarios críticos.

Las ediciones tienen como apoyo un libro de estilo con todo tipo de referencias sobre los criterios de tratamiento tipográfico aplicados a nuestros libros que puede ser consultado en Linkgua-ediciones.com.

Linkgua edita por encargo diferentes versiones de una misma obra con distintos tratamientos ortotipográficos (actualizaciones de carácter divulgativo de un clásico, o versiones estrictamente fieles a la edición original de referencia).

Este servicio de ediciones a la carta le permitirá, si usted se dedica a la enseñanza, tener una forma de hacer pública su interpretación de un texto y, sobre una versión digitalizada «base», usted podrá introducir interpretaciones del texto fuente. Es un tópico que los profesores denuncien en clase los desmanes de una edición, o vayan comentando errores de interpretación de un texto y esta es una solución útil a esa necesidad del mundo académico.

Asimismo publicamos de manera sistemática, en un mismo catálogo, tesis doctorales y actas de congresos académicos, que son distribuidas a través de nuestra Web.

El servicio de «libros a la carta» funciona de dos formas.

1. Tenemos un fondo de libros digitalizados que usted puede personalizar en tiradas de al menos cinco ejemplares. Estas personalizaciones pueden ser de todo tipo: añadir notas de clase para uso de un grupo de estudiantes, introducir logos corporativos para uso con fines de marketing empresarial, etc. etc.

2. Buscamos libros descatalogados de otras editoriales y los reeditamos en tiradas cortas a petición de un cliente.